中国地质调查成果 CGS 2018-024

改革开放40周年

支撑服务赣南革命老区脱贫攻坚地质调查成果

自然资源部中国地质调查局　编著

中国地质大学出版社
ZHONGGUO DIZHI DAXUE CHUBANSHE

图书在版编目(CIP)数据

改革开放40周年支撑服务赣南革命老区脱贫攻坚地质调查成果/自然资源部中国地质调查局编著.—武汉:中国地质大学出版社,2019.6

ISBN 978-7-5625-4487-6

Ⅰ.①改…

Ⅱ.①自…

Ⅲ.①扶贫-成果-汇编-赣南地区 ②地质调查-成果-汇编-赣南地区

Ⅳ.①F127.56 ②P622

中国版本图书馆CIP数据核字(2019)第028727号

审图号:赣S(2019)055号

改革开放40周年支撑服务赣南革命老区脱贫攻坚地质调查成果　　**自然资源部中国地质调查局　编著**

责任编辑:胡珞兰　　责任校对:王　敏

出版发行:中国地质大学出版社(武汉市洪山区鲁磨路388号)　　邮编:430074

电话:(027)67883511　　传真:(027)67883580　　E-mail:cbb@cug.edu.cn

经销:全国新华书店　　http://cugp.cug.edu.cn

开本:880毫米×1 230毫米　1/8　　字数:520千字　　印张:16.25

版次:2019年6月第1版　　印次:2019年6月第1次印刷

印刷:武汉精一佳印刷有限公司　　印数:1—500册

ISBN 978-7-5625-4487-6　　定价:280.00元

《改革开放40周年支撑服务赣南革命老区脱贫攻坚地质调查成果》编委会

目　录

第一篇　情系赣南革命老区

第一章　摸清老区现状 加快精准扶贫进程 ………………………………… 3
第二章　情系赣南老区 全力推进脱贫攻坚 ………………………………… 11
第三章　发挥行业优势 接力助推老区脱贫 ………………………………… 21

第二篇　地质调查扶贫成果

第四章　土地质量地球化学调查带动生态农业产业发展 ……………………… 31
第五章　水文地质调查保障老区饮用水与生产用水安全 ……………………… 43
第六章　地热资源调查有效支撑清洁能源开发利用 ………………………… 53
第七章　地质遗迹调查助推地方特色旅游产业发展 ………………………… 59
第八章　矿产地质调查明确矿业开发前景和脱贫方向 ……………………… 65
第九章　地质灾害调查服务防灾减灾及保障民生安全 ……………………… 77
第十章　矿山地质环境调查强力支撑绿色矿业发展 ………………………… 85
第十一章　科技创新助力矿产资源开发区划和产业发展 …………………… 93

第三篇　模式样板及经验启示

第十二章　脱贫攻坚的“地质调查+”模式与“赣南样板” ………………………… 101
第十三章　地质调查支撑服务赣南革命老区脱贫经验启示 ………………… 119

后记 ……………………………………………………………………………… 123

第一篇

情系赣南革命老区

第一章

摸清老区现状
加快精准扶贫进程

赣州市地处江西南部、赣江上游，也称赣南。行政区域东接福建，南引广东，西靠湖南，北连江西省吉安市和抚州市。地理坐标介于北纬24°29′—27°09′，东经113°54′—116°38′之间，总面积39 379.64km²，占江西省总面积的23.6%。2016年末人口为970.78万人。赣州是中国魅力城市之一，有着江南宋城、红色故都、客家摇篮、世界钨都、稀土王国和脐橙之乡等美誉。

赣南是全国著名的革命老区，赣南原中央苏区是土地革命战争时期全国最大的革命根据地，是全国苏维埃运动的中心区域，也是中华苏维埃共和国党、政、军首脑机关所在地。赣州六县(赣县、兴国、于都、宁都、瑞金、寻乌)是赣南原中央苏区和赣南革命老区的重要组成部分，也是自然资源部(原国土资源部、地质矿产部)等部委的定点扶贫县。

赣南地处中国中部内地向东南沿海地区延伸的山区，山地丘陵广布，交通相对不便，一直是我国东部最大面积的集中贫困地区；赣南山区也是中国东南部的自然灾害频发地区，部分深山谷地、水体河岸地质灾害易发多发，因灾返贫现象经常发生，积累了较多的贫困人口，也是全国较大的集中连片特殊困难地区之一。

改革开放以后，我国确立了以经济建设为中心的基本路线，集中力量发展生产力，解决老区人民的温饱成为根本要求；1986年，党中央、国务院吹响了“向贫困宣战”的号角，启动了我国大规模的扶贫工作，地质矿产部扎根赣南开展定点扶贫工作。2012年6月国务院发布《关于支持赣南等原中央苏区振兴发展的若干意见》(国发〔2012〕21号)。2012年12月，国务院正式批复《罗霄山片区区域发展与扶贫攻坚规划》，赣南革命老区列入脱贫攻坚重点扶持区，成为全国脱贫攻坚的主战场之一。

近年，赣南革命老区深入贯彻落实习近平总书记重要指示精神，把打好脱贫攻坚战作为最大的政治责任、最大的民生工程，下足“绣花”功夫，推动各项工作。围绕建设全国稀有金属产业基地、先进制造业基地和特色农产品深加工基地，加快产业创新升级步伐，走出了产业振兴的新路子，培育出振兴发展的新动能。通过选准一个产业、打造一个龙头、建立一套利益联结机制、扶持一笔资金、健全一套服务体系“五个一机制”，实施精准扶贫、主攻工业、新型城镇化、现代农业、现代服务业、基础设施建设“六大攻坚战”，全区贫困人口已由2011年的194.88万人减少到2017年底的34.99万人，6年脱贫159.89万人，贫困发生率由26.71%下降到4.31%，农村居民年人均可支配收入从4 684元提高到9 717元，村集体收入平均达到12.3万元，村集体收入5万元以上的村达到1 451个。通过扶贫帮困与精准脱贫工作，实现了中华人民共和国成立以来赣南地区最大规模的人口脱贫。

自然资源部中国地质调查局认真贯彻落实党中央、习近平总书记扶贫开发战略思想和打赢脱贫攻坚战的要求，按照自然资源部的决策部署，传承自然资源部的“赣南老区不脱贫，地质扶贫不脱钩”的承诺，奉行“翻箱倒柜，倾囊相助”的扶贫工作理念，通过地质调查工作支撑服务赣南革命老区脱贫攻坚，至今已整整40年。特别是2015年11月，中央扶贫开发工作会议向全党全社会发出了打赢脱贫攻坚战的总动员令后，国土资源部按照“用非常之策落实非常之举，全力助推脱贫攻坚工作”的工作要求和国土资源部《关于进一步加强定点扶贫工作意见的通知》(国土资厅发〔2016〕5号)意见，中国地质调查局、江西省国土资源厅、江西省地质矿产勘查开发局形成协调联动工作机构，进一步落实原国土资源部扶贫工作部署，于2016年3月组成联合调研组，赴赣南革命老区赣县、于都、宁都、兴国四县开展精准脱贫对地质调查工作需求调研，并深入寻乌、瑞金等县了解精准脱贫对地质调查工作需求情况，实现了赣州六县需求、问题与地质工作的目标对接。在需求分析的基础上，中国地质调查局编制了《支撑服务赣州六县精准脱贫攻坚地质调查实施方案(2016—2020年)》，全面落实支撑服务赣南革命老区精准脱贫攻坚的地质调查工作。期望通过矿业扶贫，带动地方经济发展，改变贫困面貌；通过农业、旅游等产业扶贫，解决贫困区人民的脱贫难题；通过综合施策，带动地方百姓脱贫致富，加快脱贫步伐；通过精准发力，助推老区全面振兴，通过非常之举，同步实现小康。

在自然资源部的领导和指导下，中国地质调查局牵头组织局属11个单位、江西省自然资源厅及其直属机构、江西省地质矿产勘查开发局9个地勘单位和江西有色地勘局、江西核工业地勘局、江西省煤田地勘局等部门共同参与赣南革命老区脱贫攻坚工作，针对重大民生问题、特色农业发展、矿产资源调查与规划、矿产资源开发利用、地质旅游资源规划等方面，实施了一批地质调查项目，探索了一条地质调查工作服务脱贫攻坚的工作模式，形成了地质行业技术优势与扶贫区资源优势相结合的扶贫经验，走出了一条独具特色的“地质调查+”扶贫新路，形成了脱贫攻坚的“赣南样板”，脱贫攻坚取得了显著成效。

赣南革命老区行政区划图

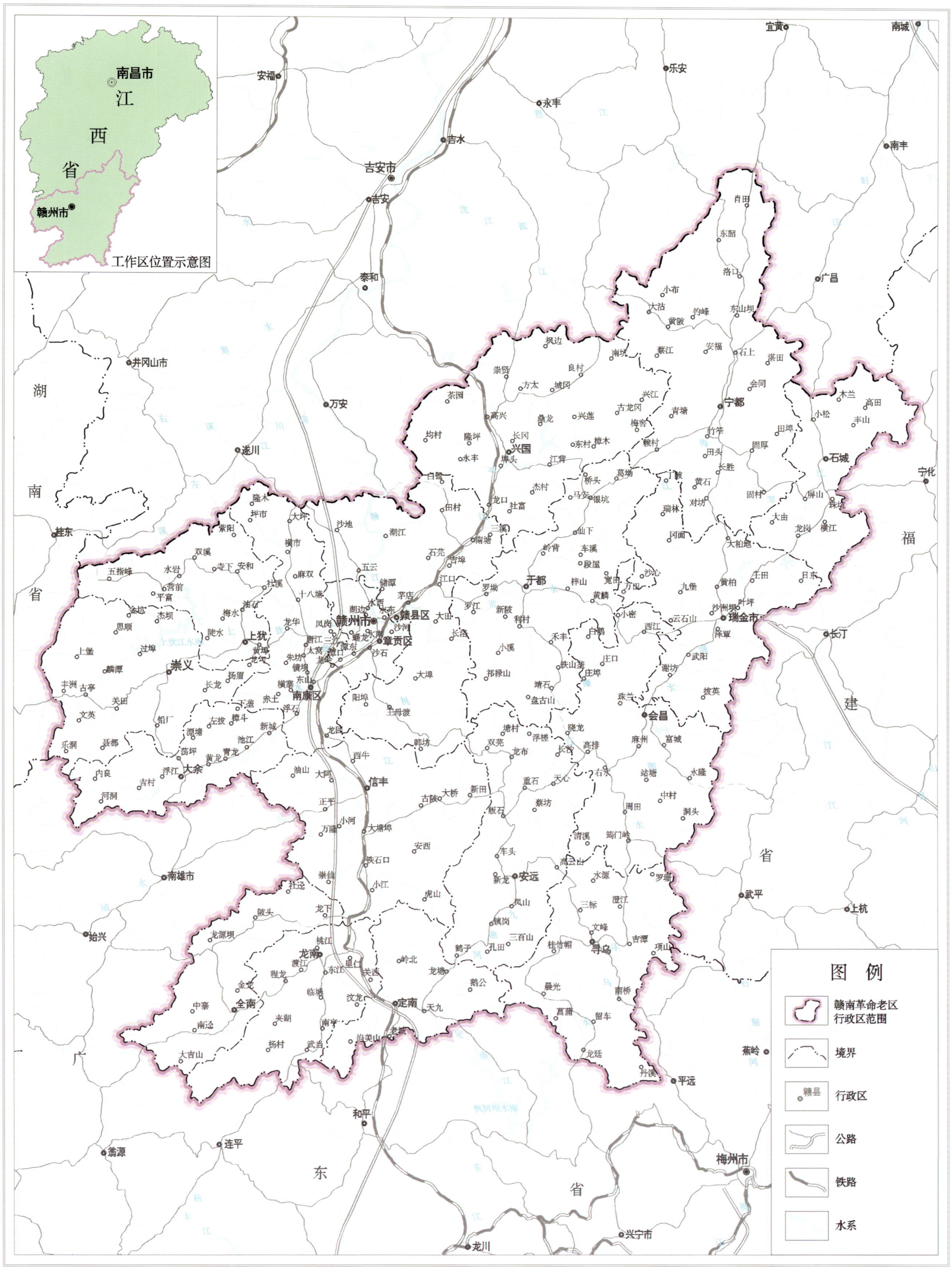

10　5　0　　10　　20　　30　　40km

数据来源：中国地质调查局南京地质调查中心提供

赣南革命老区遥感影像图

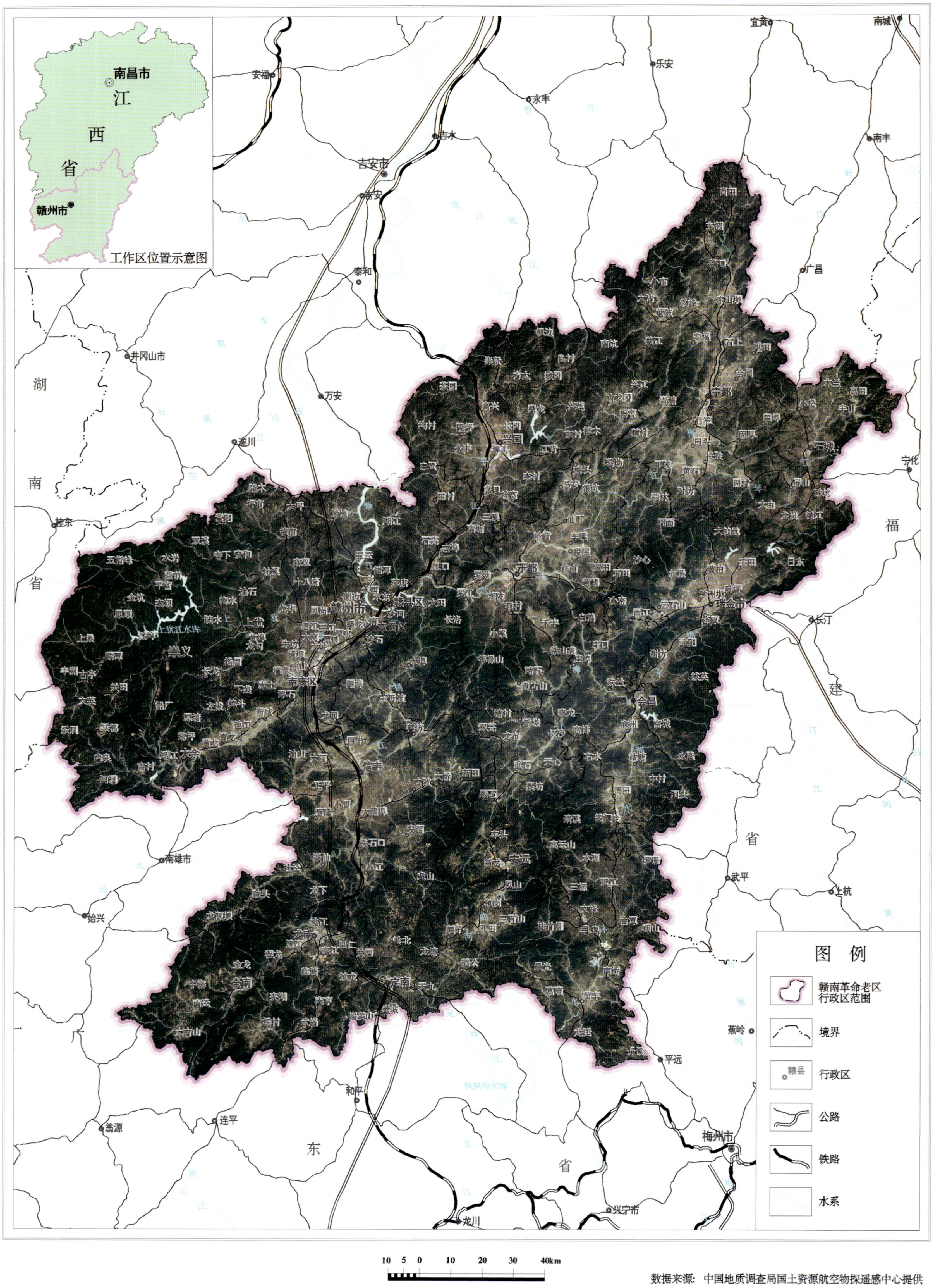

数据来源：中国地质调查局国土资源航空物探遥感中心提供

赣南革命老区地质图

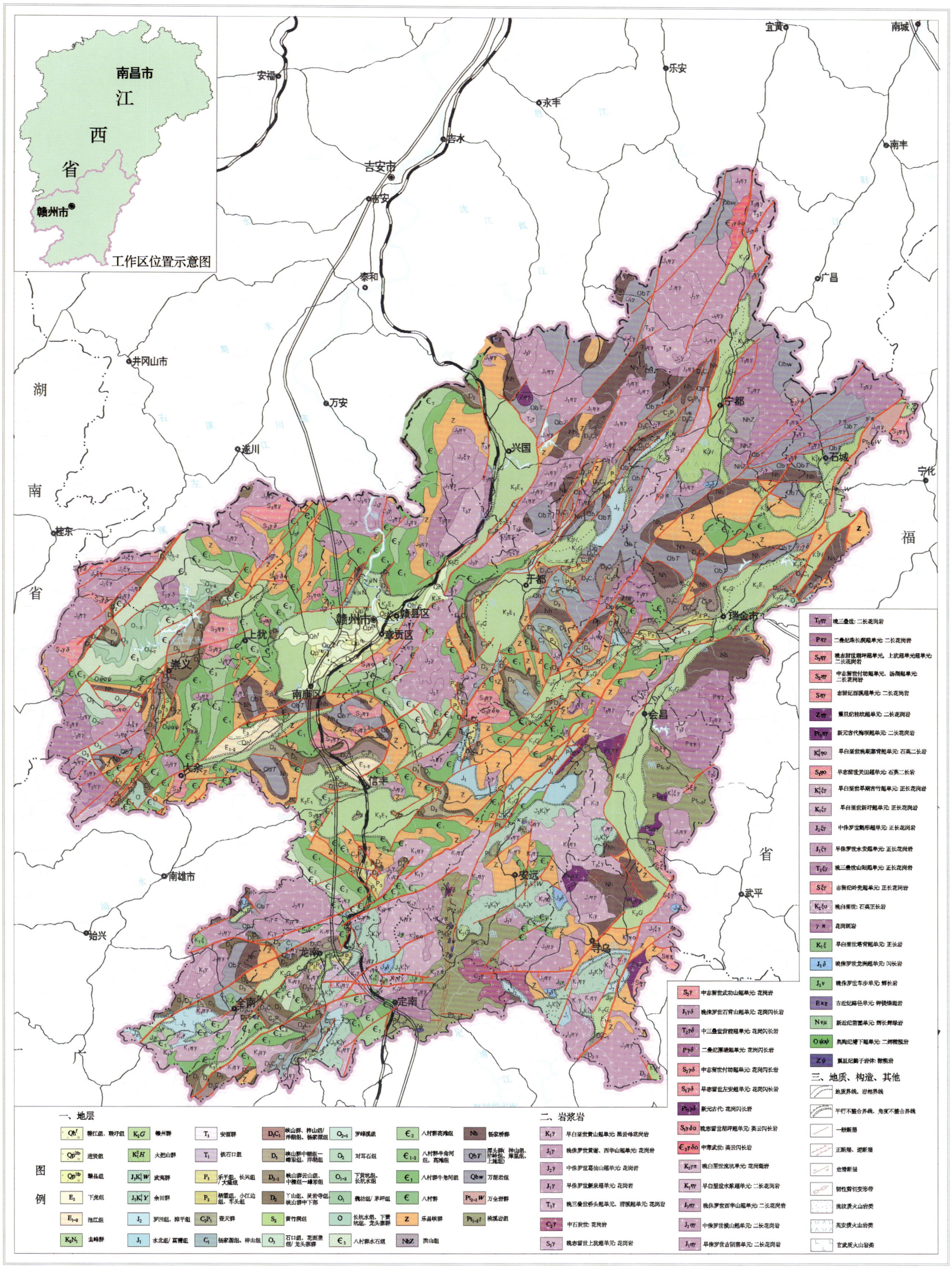

10 5 0 10 20 30 40km

数据来源：江西省地质调查研究院提供

赣南革命老区农业用地分布图

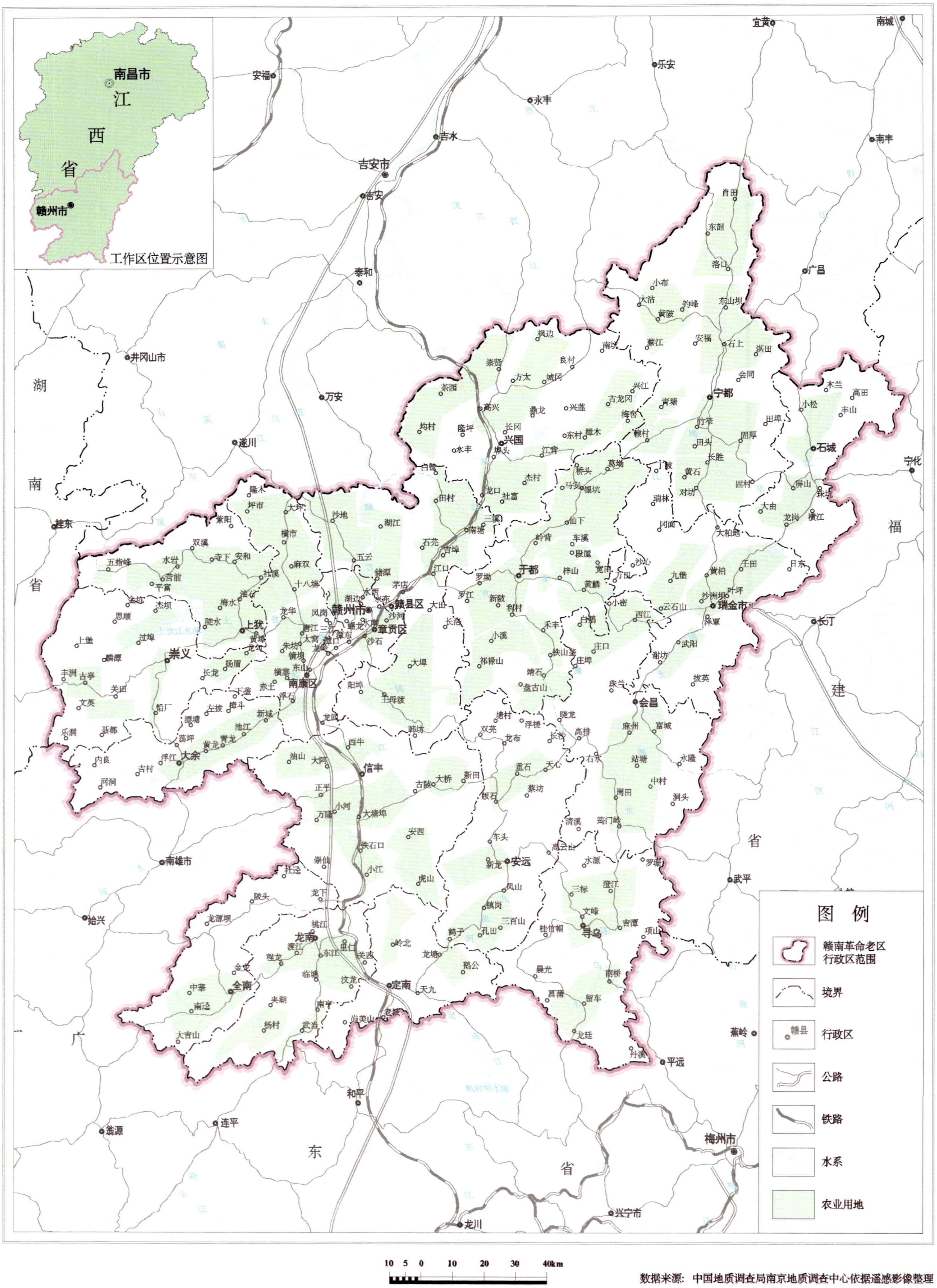

数据来源：中国地质调查局南京地质调查中心依据遥感影像整理

第二章

情系赣南老区
全力推进脱贫攻坚

一、不忘初心 心系老区

自1978年改革开放起始，中国反贫困之战便拉开了帷幕。40年来，中国共产党始终不忘初心，带领全国人民矢志不渝、接力奋斗，在解放生产力、发展生产力，建设中国特色社会主义的伟大进程中，走出了一条中国特色扶贫开发道路。尤其是党的十八大以来，党中央、国务院把扶贫工作作为中国全面建成小康社会最实际、最重要的工作，把扶贫开发纳入“五位一体”总体布局和“四个全面”战略布局进行部署，发出打赢脱贫攻坚战的动员命令，要求确保2020年农村贫困人口如期全部脱贫。

2016年2月，习近平总书记考察江西时强调，坚决打赢脱贫攻坚战，是我们共产党人的历史使命和庄严承诺，对全面建成小康社会、实现“两个一百年”奋斗目标具有十分重要的意义。要求通过更加集中的支持、更加有效的举措、更加有力的工作，确保2020年如期实现脱贫攻坚目标，决不让老区人民在全面建成小康社会中掉队！在扶贫的路上，不能落下一个贫困家庭，不能丢下一个贫困群众！

二、情牵赣南 政策引领

为支持赣南等原中央苏区振兴发展，2012年6月28日国务院发布《关于支持赣南等原中央苏区振兴发展的若干意见》(国发〔2012〕21号)。2012年12月，国务院正式批复的《罗霄山片区区域发展与扶贫攻坚规划》将赣南革命老区列入重点扶持区。

40年来，从地质部到国土资源部再到自然资源部，不管机构如何变动，人事如何调整，历任部党组和部领导、局领导不忘初心、持续接力，始终将赣南革命老区脱贫工作置于重要位置。

在《关于支持赣南等原中央苏区振兴发展的若干意见》出台后，原国土资源部迅速出台贯彻落实意见，提出支持赣州经济发展若干措施，对脱贫攻坚工作及时进行了全面部署，为赣州发展注入了强大动力。为贯彻落实中央扶贫开发工作会议精神和《中共中央国务院关于打赢脱贫攻坚战的决定》，切实做到定点扶贫地区脱贫项目优先安排、脱贫资金优先保证、脱贫工作优先对接、脱贫措施优先落实。2012—2018年，国土资源部连续出台支持赣州经济社会发展若干措施、对口支援赣南等原中央苏区振兴发展方案等10个政策文件，提出了《关于进一步加强定点扶贫工作的意见》，明确定点扶贫工作的责任主体，并派出挂职干部参加赣南革命老区和定点扶贫县的建设。这些政策得到有效落实并持续发挥撬动效应，支持赣南革命老区脱贫致富，振兴发展取得实效。

原国土资源部在赣州调研脱贫攻坚工作，并召开定点扶贫工作会议

三、把握需求 精准脱贫

自然资源部中国地质调查局认真贯彻落实党中央、习近平总书记扶贫开发战略思想和打赢脱贫攻坚战的要求，按照自然资源部的决策部署，传承自然资源部“赣南老区不脱贫，地质扶贫不脱钩”的承诺，在自然资源部的领导下，组织江西省自然资源厅、江西省地质矿产勘查开发局和中国地质调查局局属单位参与赣南革命老区脱贫攻坚工作。

钟自然局长要求把脱贫攻坚作为一项政治任务，要瞄准精准脱贫的目标，在精准施策上出实招，在精准推进上下实功，在精准落实上见实效。局领导带队深入赣南革命老区县、乡、村精准对接地方需求，梳理出脱贫攻坚对地质调查工作的八大需求，并在需求分析的基础上，组织编制了《支撑服务赣州六县精准脱贫攻坚地质调查实施方案（2016—2020年）》，全面支撑服务赣南革命老区脱贫攻坚，

自然资源部党组织成员、中国地质调查局局长钟自然主持审议《支撑服务脱贫攻坚地质调查实施方案》

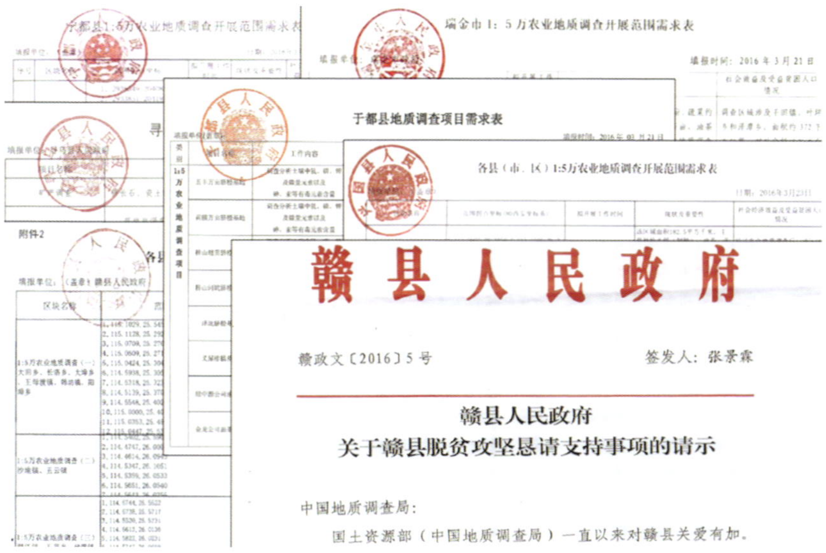

赣州各市、县精准脱贫对地质调查工作需求

实现了精准聚焦、精准发力。

40 年来，地质调查行业发挥专业优势，针对重大民生问题、特色农业发展、城镇化建设、矿产资源开发利用、地质旅游资源规划等方面，国家地质调查工作累计投入近 13 亿元，精心实施了 120 余项地质调查项目，探索了赣南革命老区地质工作服务脱贫攻坚的模式，实践了地质行业技术优势与赣南革命老区资源优势相结合的扶贫经验。

王研副局长部署支撑服务精准脱贫攻坚地质调查工作

李金发副局长在赣州调研精准脱贫攻坚地质调查工作需求

王昆副局长到于都县银坑整装勘查区指导地质找矿工作

南京地质调查中心主任李基宏、党委书记张训华、副主任邢卫国在赣州推进脱贫攻坚地质调查工作

武汉地质调查中心主任姚华舟检查夏潭供水工程

武汉地质调查中心党委书记胡茂焱检查水文环境调查工作

水文地质环境地质调查中心主任文冬光带队与兴国县矿产资源管理局对接，在埠头乡西霞村探采结合示范点踏勘现场

水文地质环境地质调查中心副主任李铁锋在埠头乡西霞村实地踏勘

岩溶地质研究所所长刘同良到赣南现场查看地质环境

岩溶地质研究所党委书记张发旺在赣南现场指导岩性的识别

岩溶地质研究所副所长蒋忠诚检查赣南矿山综合治理示范点

中国地质调查局发展研究中心专家在于都县银坑检查整装勘查工作

中国地质科学院郑州矿产综合利用研究所所长冯安生在兴国县中萤矿业有限公司鱼形山尾矿库进行调研，在风里背高岭土矿现场取样

中国地质环境监测院专家在兴国县考查地质遗迹资源

中国地质科学院矿产资源研究所专家在于都县银坑深部科学钻探钻址考察

国家地质实验测试中心党委书记李知用在瑞金市野外指导地球化学样品处理工作

中国地质调查局南京地质调查中心主任李基宏考察赣县夏潭找水示范工程

江西省自然资源厅厅长张圣泽在龙南县足洞稀土矿区检查废弃地复垦利用试点工作

江西省地质矿产勘查开发局局长苗壮检查野外地质调查工作

四、多方联动 全力推进

根据国土资源部国土资厅发〔2016〕5号《关于进一步加强定点扶贫工作意见的通知》精神，明确了中国地质调查局、江西省国土资源厅和江西省地质矿产勘查开发局三方的责任要求，赣州六县脱贫攻坚地质调查工作要形成中央和地方地质工作协调联动机制，做好需求对接、项目对接、成果对接，做到需求清晰、部署统一、分工明确、实施协同、服务高效、共同推进。

中国地质调查局
华东地区地质调查项目管理办公室
会议纪要
第1期

华东项目办 2016年7月1日

研究赣南精准脱贫攻坚
2017年地质调查任务部署及分工

召开“支撑服务赣州六县精准脱贫攻坚2017年地质调查项目部署会”

赣州六县脱贫攻坚地质调查协调联动领导小组

组　长：中国地质调查局南京地质调查中心主任 李基宏

副组长：自然资源部扶贫办公室干部 周景阳

江西省自然资源厅副巡视员 龚　健

中国地质调查局南京地质调查中心副主任 邢卫国

江西省地质矿产勘查开发局副局长 余忠珍

成　员：胡茂焱　龙宝林　谢国刚　黄学斌　李铁峰　张永波

蒋忠诚　罗立强　王洪亮　郭知明　薛永森　周保铜

刘大刚　张巨华　张开军　曹佳文

赣州六县脱贫攻坚地质调查协调联动办公室

办公室主任：赣州市矿产资源管理局 郭知明

副　主　任：中国地质调查局南京地质调查中心 曾勇

江西省自然资源厅 易志东

江西省地质矿产勘查开发局 唐维新

赣州市矿产资源管理局 肖风雷

办公室成员：李兆宜　刘　一　沈雪华　方　捷　田幽军

王光辉　刘传民　陈小勇

赣州六县脱贫攻坚地质调查协调联动支撑体系

中国地质调查局

南京地质调查中心
武汉地质调查中心
矿产资源研究所
中国地质环境监测院
水文地质环境地质调查中心
水文地质环境地质研究所
发展研究中心
岩溶地质研究所
国家地质实验测试中心
郑州矿产综合利用研究所

江西省自然资源厅

江西省地质勘查基金管理中心
江西省地质灾害应急指挥中心
赣州市矿产资源管理局
赣县区矿产资源管理局
于都县矿产资源管理局
兴国县矿产资源管理局
宁都县矿产资源管理局
瑞金市矿产资源管理局
寻乌县矿产资源管理局
会昌县矿产资源管理局

江西省地质矿产勘查开发局

江西省地质调查研究院
江西省地质环境监测院
江西省赣南地质调查大队
江西省物化探大队
江西省赣西北地质大队
江西省九一六地质大队
江西省九〇一地质大队
江西省赣西地质大队
江西省赣东北地质大队
江西省赣中南地质大队

赣州市政府

赣县区人民政府
于都县人民政府
兴国县人民政府
宁都县人民政府
瑞金市人民政府
寻乌县人民政府
会昌县人民政府

中化地质矿山总局

江西省有色地质勘查局
江西省有色地质勘查局第二地质队
江西省核工业地质局
江西省核工业地质二六四地质队
江西省煤田地质局

第三章

发挥行业优势
接力助推老区脱贫

40 年来，接力扶贫，持续发力。历经摸清资源，开启脱贫攻坚历程；矿业着手，改变贫困面貌；产业支撑，基本解决温饱；综合施策，加快脱贫步伐；精准发力，助推老区振兴；非常之举，促进全面脱贫 6 个阶段，为赣南革命老区脱贫攻坚做出重大贡献。

第一阶段（1978—1986 年），改革开放，摸清资源情况。以区域地质矿产调查为手段，开启了支撑脱贫攻坚的地质调查历程。

（1）1978 年，在已完成 1:20 万区域地质矿产调查、1:20 万区域化探调查的基础上，综合总结赣州地区的地质矿产资源特征，编制区域地质矿产志，基本理清本区的矿产资源种类和特征。

（2）1978—1986 年间，开始大规模安排 1:5 万区域地质矿产调查工作，地质矿产调查工作程度显著提高，成矿地质背景基本清楚。1983 年后相继发现了会昌岩背锡矿、于都柳木坑铅锌银矿、上犹焦里铅锌矿等一批矿床。同期在完成区域 1:20 万水文地质编图与成果总结的基础上，开展了赣江上游流域的水文地质、工程地质综合评价，实施了赣州市城区的城市供水水文地质勘察。

第二阶段（1987—1992 年），矿业着手，初改贫困面貌。开展区域地球化学调查、矿产地质调查及矿产勘查工作，帮助建成了兴国留龙金矿和会昌锡矿等一批矿山，初步改变赣南边远山区贫穷落后面貌。

（1）安排包村定点扶贫，确定硐头乡为定点扶贫点，派干部驻县政府和行政村进行挂职帮扶。实施地质勘查扶贫项目 50 多项，投入经费 3 800 万元。

（2）帮助地方建成兴国留龙金矿山、会昌九二盐矿、上犹焦里白银铅锌矿和多个稀土矿。将已完成勘探的会昌岩背锡矿移交给赣州市进行开发，并继续投入资金开展详细勘探工作。

第三阶段(1993—1999 年),产业支撑,基本解决温饱。开展资源调查评价、农业地质调查、遥感综合调查等扶贫项目,帮助大力发展矿业、种植业等优势产业,贫困人口大幅减少,基本解决了温饱。

(1)投入经费 5 000 万元,崇义-大余-上犹地区、永安-梅州-会昌地区和龙南-定南-全南地区安排以钨、稀土为重点的矿产普查,在兴国—瑞金—会昌进行萤石矿调查评价,发现了苎坑、上廊、小照等铜矿床和凤凰岽、淘锡坝、矿背、苦竹岽等锡矿床。

(2) 地质矿产勘查开发极大地促进了赣南革命老区矿业的发展, 在 20 世纪 90 年代基本形成了有一定经济规模和发展潜力的钨、稀土、氟盐化工三大矿业经济体系。

(3)圈定了 2 250 万亩(1 亩=666.7m^2)宜果、宜烟、宜茶产业发展区域,因地制宜,协助地方人民政府实施“一人一亩油茶、一人一亩脐橙、一户一亩蔬菜、一户一亩茶叶”的产业扶贫致富工程,帮助赣州“山上再造一个赣南”,帮助 25 万种植户、70 万果农增收致富,解决了 100 万农村劳动力就业,还带动了苗木、农资、运输以及休闲旅游等全产业链的发展。

第四阶段(2000—2010 年),综合施策,加快脱贫步伐。探索扶贫开发新模式,实施土地质量地球化学调查和区域地质、矿产地质、水工环等综合地质调查,推动形成一批资源开发基地和农业产业基地,加快贫困人口脱贫步伐。

(1)积极探索扶贫开发模式,着力寻求扶贫开发与小康建设有机结合的新路径。围绕赣南革命老区产业发展、民生安全、生态环境,实施了土地质量地球化学调查以及区域地质、矿产地质、水工环等综合地质调查工作,推动地方经济社会全面发展。

(2)加大科技和智力扶贫力度,建立 2 个院士工作站、1 个博士后工作站,组织院士专家会诊。

(3)矿产地质调查投入 2.8 亿元,查明矿产地 451 处,其中大型矿床 22 处,中型矿床 61 处。为赣州的钨、稀土和氟盐化工产业发展提供了保障,以三大矿业体系为基础的资源基地基本形成。

(4)土地质量地球化学调查,发现崇义—大余、信丰—龙南—全南、宁都西部、瑞金—于都及安远—寻乌等地的富硒土地,支撑农业规划布局调整,带动特色农业产业园和示范基地建设。

(5)水文地质调查,实施了百米以上的深井和大口径民井 100 余眼,解决了贫困地区 20 万群众的生产生活用水问题,促进了特种养殖业迅速发展;实施了 15 个降氟改水工程,使 1.3 万人摆脱了高氟地方病的折磨,解决了群众生产生活用水问题。

(6)地质灾害调查,查清了全市各类地质灾害隐患点 9 392 处,地质灾害调查与防治指导赣州市完成避灾移民搬迁 4 802 户、2.04 万人,消除地质灾害隐患点 1 480 处,保护 4 000 多人的生命财产安全。

地质矿产调查支撑江西氟盐化工厂产业基地(会昌)建设

土地质量地球化学调查支撑赣南果业产业发展

第五阶段(2011—2015 年),精准发力,助推革命老区振兴。开启“订单式”扶贫模式,因地制宜,精准实施了一批地质调查项目,延拓地质调查成果服务链,脱贫攻坚见重大成效。

(1)国土资源部制定了支持赣州发展的 4 个方面 17 条措施。中国地质调查局针对赣南革命老区经济发展和脱贫攻坚的需求和问题,精准发力,开启“订单式”扶贫模式。

(2)通过矿产地质调查,圈定物探异常 258 处、化探异常 224 处,新增矿产地120处，其中大中型27处，有效支撑了于都银坑-宁都青塘金银多金属矿整装勘查区、宁都桃山铀矿整装勘查区、会昌岩背锡矿整装勘查区找矿突破，为崇义-大余钨矿业经济区、赣州钨和稀土深加工矿业经济区、龙南稀土矿业经济区、兴国氟盐化工矿业经济区、瑞金会昌氟盐化工矿业经济区等建设提供了有力支撑。

(3)老矿山深部及外围找矿开辟了“第二找矿空间”，为革命老区老矿山的延期服务和解决地区人口就业做出了重大贡献。

(4)围绕特色农业产业发展，完成了赣南革命老区1:25万多目标地球化学调查，针对特色农业区开展1:5万土地质量地球化学调查，圈定出优质白莲种植区6个、优质脐橙种植区26个、优质茶叶种植区3个，在赣县、崇义、安远圈定了一批富硒(或富锌)土地资源，在崇义、龙南县发现了天然富硒、富锌茶叶、水稻与大豆，为农(果)业发展、农产品开发提供基础。

(5)地质灾害调查，查清了赣南革命老区各类地质灾害隐患点11 339处，受威胁户达22 364户，受威胁人口113 726人。划分出4个地质灾害重点防治区、防治点504处。重大地质灾害治理，确保了15所学校4 000多名师生的生命财产安全。

(6)矿山环境调查与恢复，对赣南革命老区100多个废弃矿区进行了恢复治理，让昔日的“不毛地”披上了“绿衣裳”，成为农民增收致富的“花果山”。

(7)地质遗迹调查，新发现宁都、兴国、寻乌等县大量丹霞地貌地质遗迹景观资源，支撑了赣州市旅游规划布局，促进了旅游产业发展。协助地方人民政府成功申报石城通天寨国家地质公园、五指峰省级地质公园，有力带动了当地旅游资源开发。

第六阶段(2016年—)，非常之举，促进全面脱贫。在施策上出实招，在推进上下实功，在落实上见实效，加大投入力度，以地质调查成果示范引领为抓手，促进赣南革命老区如期脱贫。

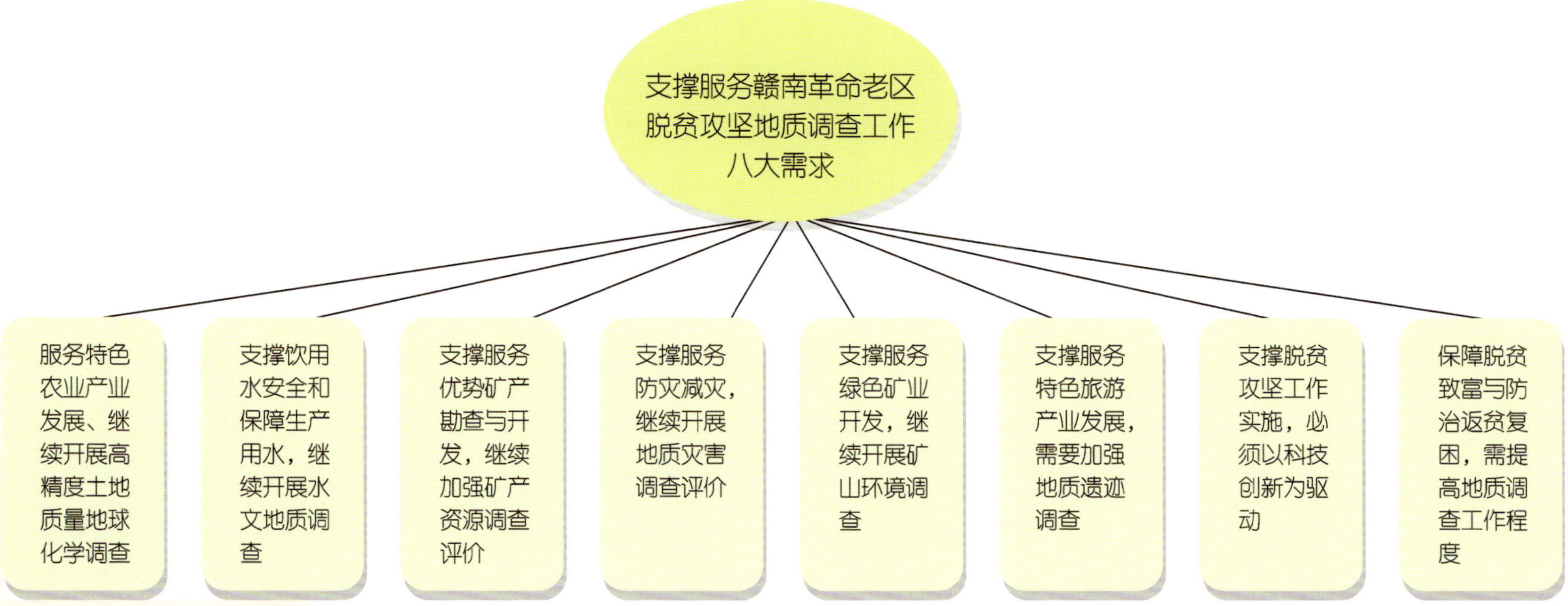

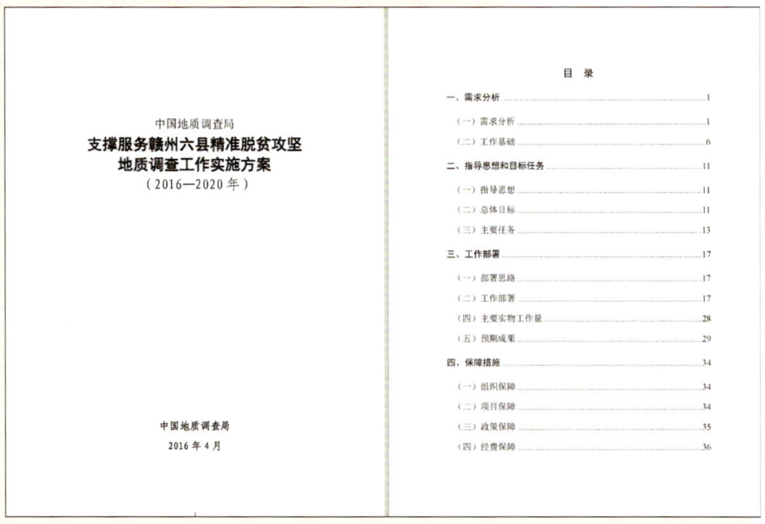

中国地质调查局
支撑服务赣州六县精准脱贫攻坚
地质调查工作实施方案
(2016—2020年)

中国地质调查局
2016年4月

目 录

一、需求分析……1
(一)需求分析……1
(二)工作基础……6
二、指导思想和目标任务……11
(一)指导思想……11
(二)总体目标……11
(三)主要任务……13
三、工作部署……17
(一)部署思路……17
(二)工作部署……17
(四)主要实物工作量……28
(五)预期成果……29
四、保障措施……34
(一)组织保障……34
(二)项目保障……34
(三)政策保障……35
(四)经费保障……36

召开“支撑服务赣州六县精准脱贫攻坚2017年地质调查项目部署会”

支撑服务赣州七县精准脱贫攻坚地质调查 2017 年成果交流会

中国地质调查局南京地质调查中心牵头组织局属 11 家单位，19 个项目组，全面开展水文地质调查、地质遗迹调查等工作，全力以赴共同支撑赣南革命老区精准脱贫。2016—2018 年投入资金共 3.005 5 亿元，确保了 3 年投入 3 亿元的总体目标。完成 1:5 万土地质量地球化学调查 15 180km^2，1:5 万区域地质调查 9 499km^2，1:5 万矿产地质调查 12 888km^2，1:5 万水文地质调查 6 440km^2。

通过 3 年的工作，实现了赣州四县特色农业区土地质量地球化学、主要缺水问题区水文地质调查、重要矿产远景区矿产地质调查、区域地质调查“四个全覆盖”，为赣南革命老区精准脱贫提供了地质基础与技术支撑。示范成果突出，完成了 87 个地下水探采结合示范井，建设了 4 个供水入户示范工程，发现 179 处优质矿泉水，提交 1 处城镇应急供水水源地；提交了 100 处绿色（富硒）农业基地建设建议，提升 25 处已有的农业基地农产品的品质，促使建成了 6 处农业产业示范基地；新发现矿（化）点 120 处，提交了 15 处地热找矿靶区和 31 处非金属找矿靶区，提供 6 处可供进一步开发的非金属矿基地；提出了 5 个矿业企业资源综合利用建议，建成了 2 处资源综合利用示范基地；服务地方成功申报了 4 个地质公园（矿山公园）和 1 个称号（中国恐龙之乡），评价了 2 个乡村地质公园。为支撑赣南革命老区脱贫攻坚、服务人民群众生活改善取得真正实效。

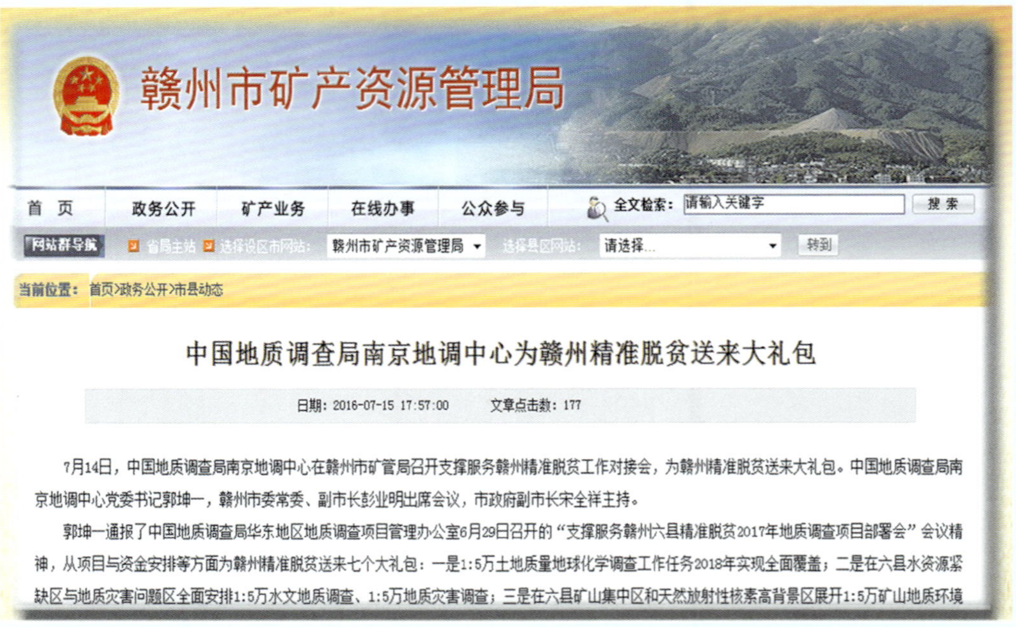

江西省自然资源厅(原江西省国土资源厅)依托江西省地质勘查基金和江西省地质灾害应急中心,完成了赣州地区的县市地质灾害调查工作,共查清地灾隐患达11 339处,建立地下水示范工程40多处,在地热、矿泉水调查评价和铀矿、锡矿、稀土矿、萤石矿、钾长石矿、滑石矿、高岭土(陶瓷石、土矿)、锂辉石矿的勘查找矿取得较好的成果,并继续支持开展花岗岩离子型风化壳稀土矿的资源调查评价和赣州市的地热开发利用规划、矿山集中区的地质环境综合治理等工作。

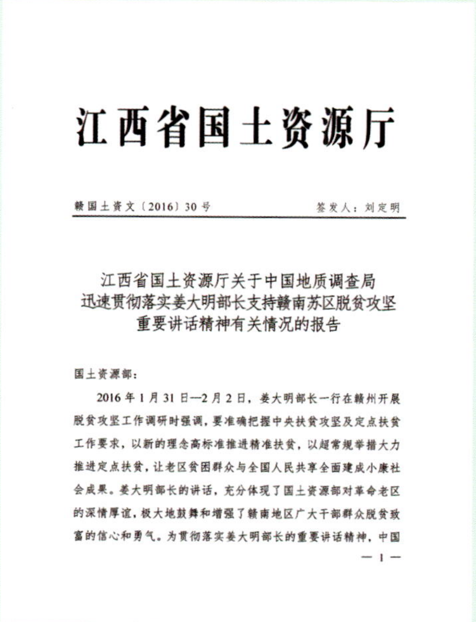

江西省国土资源厅

赣国土资文〔2016〕30号　　签发人:刘定明

江西省国土资源厅关于中国地质调查局
迅速贯彻落实姜大明部长支持赣南苏区脱贫攻坚
重要讲话精神有关情况的报告

国土资源部:

2016年1月31日—2月2日,姜大明部长一行在赣州开展脱贫攻坚工作调研时强调,要准确把握中央扶贫攻坚及定点扶贫工作要求,以新的理念高标准推进精准扶贫,以超常规举措大力推进定点扶贫,让老区贫困群众与全国人民共享全面建成小康社会成果。姜大明部长的讲话,充分体现了国土资源部对革命老区的深情厚谊,极大地鼓舞和增强了赣南地区广大干部群众脱贫致富的信心和勇气。为贯彻落实姜大明部长的重要讲话精神,中国

— 1 —

江西省地质勘查基金管理中心在寻乌南桥发现地热泉

江西省地质矿产勘查开发局充分利用自身的专业技术优势,积极服务赣南革命老区脱贫攻坚。在钨矿、稀土矿和以萤石为主的非金属矿的找矿上精准发力,为支撑赣州钨精矿生产冶炼加工基地建设、南方离子型稀土战略资源储备基地建设和赣州氟盐化工产业基地提供资源保障。在地质灾害治理、绿色矿山建设和地热调查、地质遗迹资源调查、土地质量调查和移民搬迁等取得了切实成效。

自然资源部中国地质调查局、江西省自然资源厅、江西省地质矿产勘查开发局用实实在在的行动,给赣南群众送上了看得见、摸得着的实惠,形成了地质调查支撑赣南革命老区扶贫开发"地质调查+"新模式,被赣南人民称为扶贫"大礼包"。

第二篇

地质调查扶贫成果

第四章

土地质量地球化学调查
带动生态农业产业发展

实现赣南革命老区1:25万多目标地球化学调查全覆盖，1:5万土地质量地球化学调查15 180km²。土地质量调查圈定绿色富硒土地资源572万亩，支撑建立农业科技示范园35个，圈定2 250万亩宜果、宜烟、宜茶产业发展区域，完成特色农业种植区1:1万土地质量地球化学调查242.5万亩，调整富硒农产品种植40万亩。

实现了农用地调查工作全覆盖。围绕特色农业产业发展，完成了赣南革命老区全域1:25万多目标地球化学调查的全覆盖，开展农用地1:5万土地质量地球化学调查15 180km²，特色农业种植区1:1万土地质量地球化学调查1 616km²。

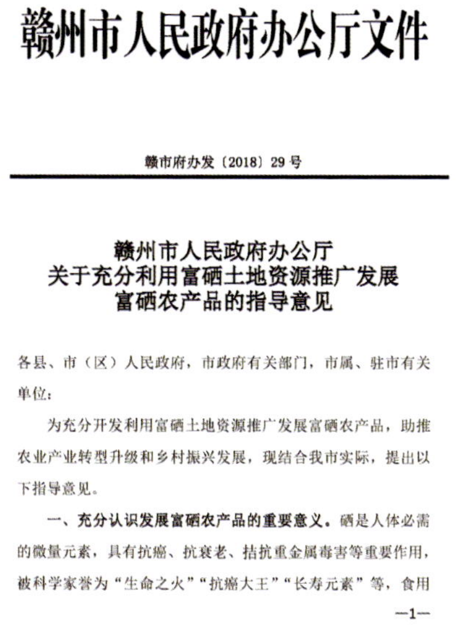

赣州市人民政府办公厅文件

赣市府办发〔2018〕29号

赣州市人民政府办公厅
关于充分利用富硒土地资源推广发展
富硒农产品的指导意见

各县、市（区）人民政府，市政府有关部门，市属、驻市有关单位：

为充分开发利用富硒土地资源推广发展富硒农产品，助推农业产业转型升级和乡村振兴发展，现结合我市实际，提出以下指导意见。

一、充分认识发展富硒农产品的重要意义。硒是人体必需的微量元素，具有抗癌、抗衰老、拮抗重金属毒害等重要作用，被科学家誉为"生命之火""抗癌大王""长寿元素"等，食用

—1—

发现了丰富的富硒土壤资源。1:25万多目标地球化学调查查明了市区双层（表层、深层）土壤地球化学调查66项元素赋存分布、分配特征；评价了区内的土壤环境质量、土壤营养及健康元素现状；发现富硒土壤资源分布面积3 819.36km²（572.9万亩），主要分布在崇义—大余、信丰—龙南—全南、宁都西部、瑞金—于都及安远—寻乌等地。划分出赣州市东北部优质白莲规划种植区、中东部优质脐橙规划种植区和西部优质茶叶规划种植区，圈定出优质白莲种植区6个、优质脐橙种植区26个、优质茶叶种植区3个。在赣县、崇义、安远圈定了一批富硒（或富锌）土地资源，在崇义发现了崇义阳岭、赤水仙富硒富锌绿茶，在龙南县里仁发现了富硒水稻与大豆。提高了土地资源利用价值，为现代农（果）业发展规划、名优特农产品开发和特色高效生态农业发展提供了重要依据。

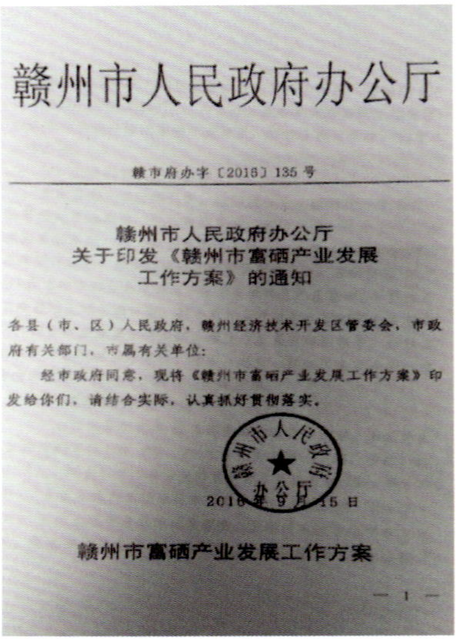
赣州市人民政府办公厅

赣市府办字〔2016〕135号

赣州市人民政府办公厅
关于印发《赣州市富硒产业发展
工作方案》的通知

各县（市、区）人民政府，赣州经济技术开发区管委会，市政府有关部门，市属有关单位：

经市政府同意，现将《赣州市富硒产业发展工作方案》印发给你们，请结合实际，认真抓好贯彻落实。

赣州市人民政府办公厅
2016年9月15日

赣州市富硒产业发展工作方案

— 1 —

提出了土地的开发利用建议。1:5万土地质量调查通过系统调查取样，分析土地地球化学元素分布、富集特征，查明重点乡镇农用地的土地质量基本情况，圈定富硒土壤资源，优选生态农业产业发展区，支撑农业科学规划、特色农业产业发展。发现的集中连片无公害富硒区土地48片，共16万亩，且发现了富硒大米、富硒花生等农产品。提出了143处绿色、无公害富硒农业基地、绿色农产品基地的开发建议，指导建设了5个现代农业产业化示范基地。

协助地方政府推进成果及时转化。土地质量调查成果及时汇集并移交给地方政府，江西省委副书记、赣州市委书记李炳军同志批示："请张逸同志牵头，好好抓一下富硒土地资源的利用，这是一个宝贵资源，而且是中国地质调查局调查的，有权威性。"赣州市政府积极引导，出台了《赣州市富硒产业发展工作方案》《赣州市人民政府办公厅关于充分利用富硒土地资源推广发展富硒农产品的指导意见》等一系列文件办法，县乡主动对接推进成果落地及时转化，已经推动指导建设了5个现代农业产业化示范基地，提升了一批农业基地产品为富硒产品，大幅提高了农产品的价值，为老区人民带来了实惠。

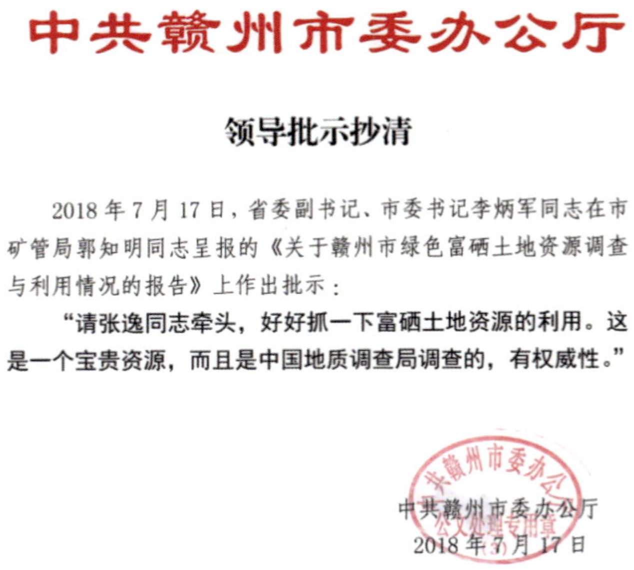
中共赣州市委办公厅

领导批示抄清

2018年7月17日，省委副书记、市委书记李炳军同志在市矿管局郭知明同志呈报的《关于赣州市绿色富硒土地资源调查与利用情况的报告》上作出批示：

"请张逸同志牵头，好好抓一下富硒土地资源的利用。这是一个宝贵资源，而且是中国地质调查局调查的，有权威性。"

中共赣州市委办公厅
2018年7月17日

自然资源部中国地质调查局向赣州市移交地质调查成果

中国地质调查局南京地质调查中心向赣州市矿产资源管理局移交土地质量调查成果

成果服务赣县清溪国家农业科技园产业升级。在园区吉埠乡、南塘乡、田村乡、石芫乡，圈定富硒土地12.8万亩。赣县人民政府采用“基地+农户”的帮扶机制，建立了富硒大米、瓜果、脐橙、油茶、甜叶菊等农业产业群。总规划面积34万亩，核心区面积11.8万亩，已投入园区建设经费约7亿元，惠及22.6万人，助推近10万人基本脱贫。

调查成果极大地推动了赣南革命老区果业产业的发展。赣南革命老区已成为全国最大脐橙主产区，也是世界最大的脐橙种植基地。调查成果帮助25万种植户、70万果农增收致富，解决了100万农村劳动力就业，还带动了苗木、农资、运输以及休闲旅游等全产业链发展，全市脐橙产业集群年总产值达105亿元。脐橙之乡信丰县，脐橙种植面积28.47万亩，年产量达15.97×10^4t，实现销售收入3.74亿元，2.2万户约6.5万果农受益，脐橙产业带动人均增收900元以上；同时，脐橙产业还带动了果品加工业、生猪养殖业、水产养殖业、交通运输业、旅游服务业、包装广告业等产业的发展，解决了4万人农村富余劳动力就业。特别是果品加工业，全县培育了绿萌农业、裕和农业、橙之源果业等果品龙头企业38个，果业合作社102家，脐橙采后处理生产线21条，呈现出“一业兴，百业旺”的产业发展局面。

服务生态农业产业取得好的效益。在赣州市及所属县（市）政府的推动下，已经建成了一批现代农业产业化示范基地，如兴国县高多村1 000亩蔬菜种植示范基地、于都梓山万亩农业产业示范基地、于都禾丰3 000亩蔬菜种植基地、赣县区五云镇夏潭村绿色食品基地、兴国县梅窖富硒农业产业示范园等。为赣州现代农业发展，推进脐橙、蔬菜、油茶产业升级改造提供技术支撑，实现农民增收8亿元，助推40万贫困群众脱贫的良好效益。

赣南革命老区富硒土壤分布图

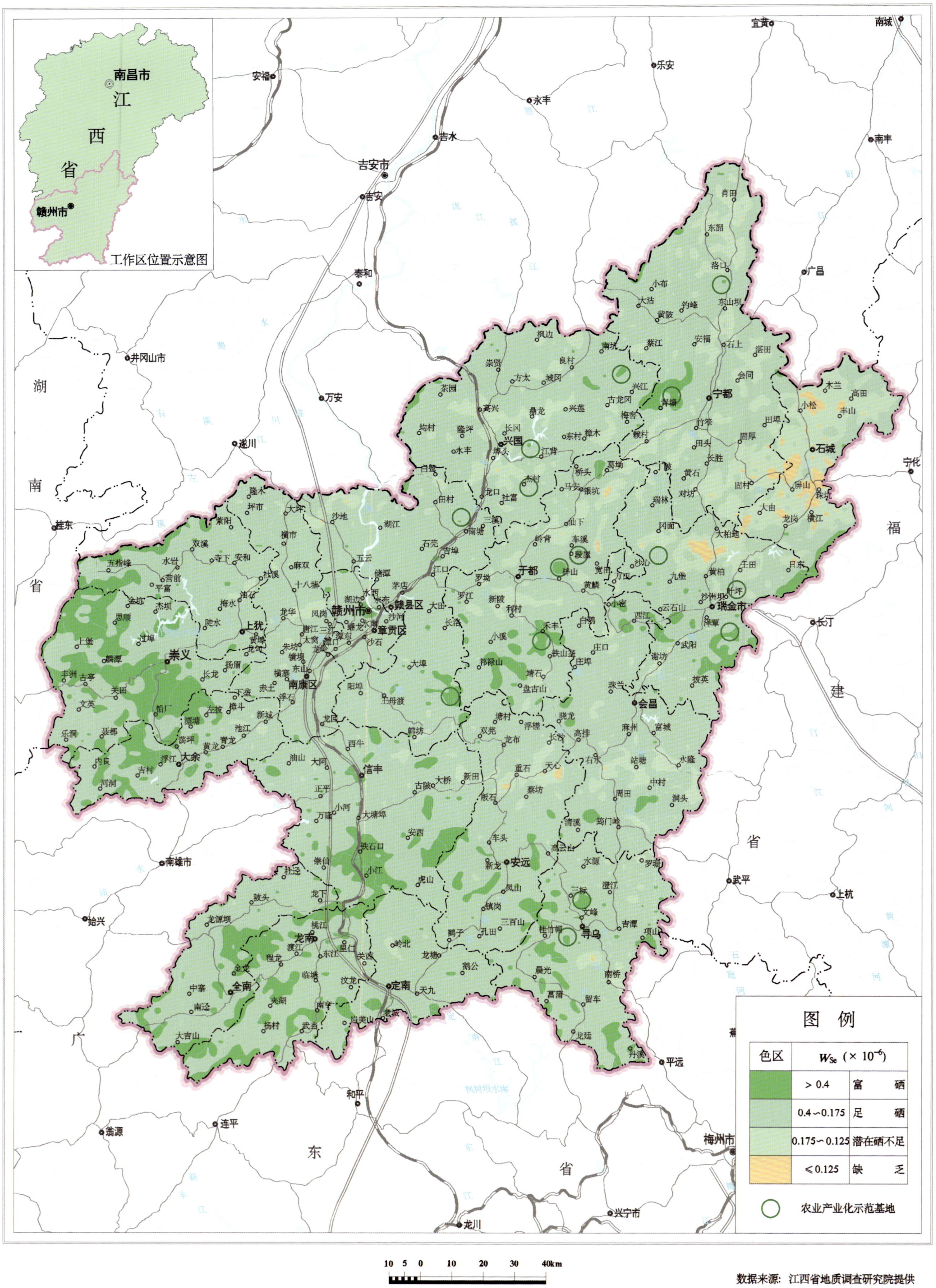

数据来源：江西省地质调查研究院提供

赣南革命老区表层土壤氮元素丰缺评价图

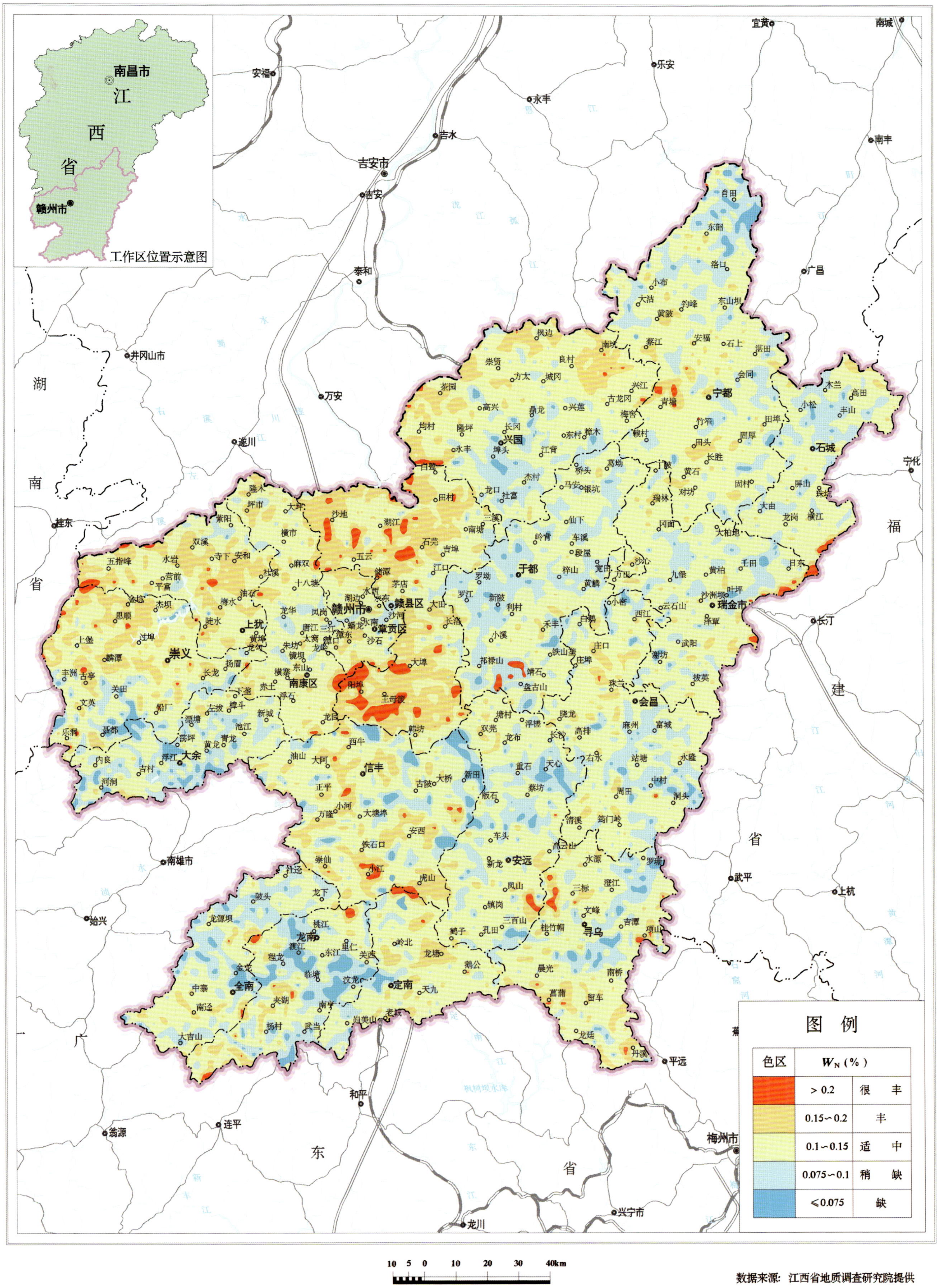

数据来源：江西省地质调查研究院提供

赣南革命老区表层土壤磷元素丰缺评价图

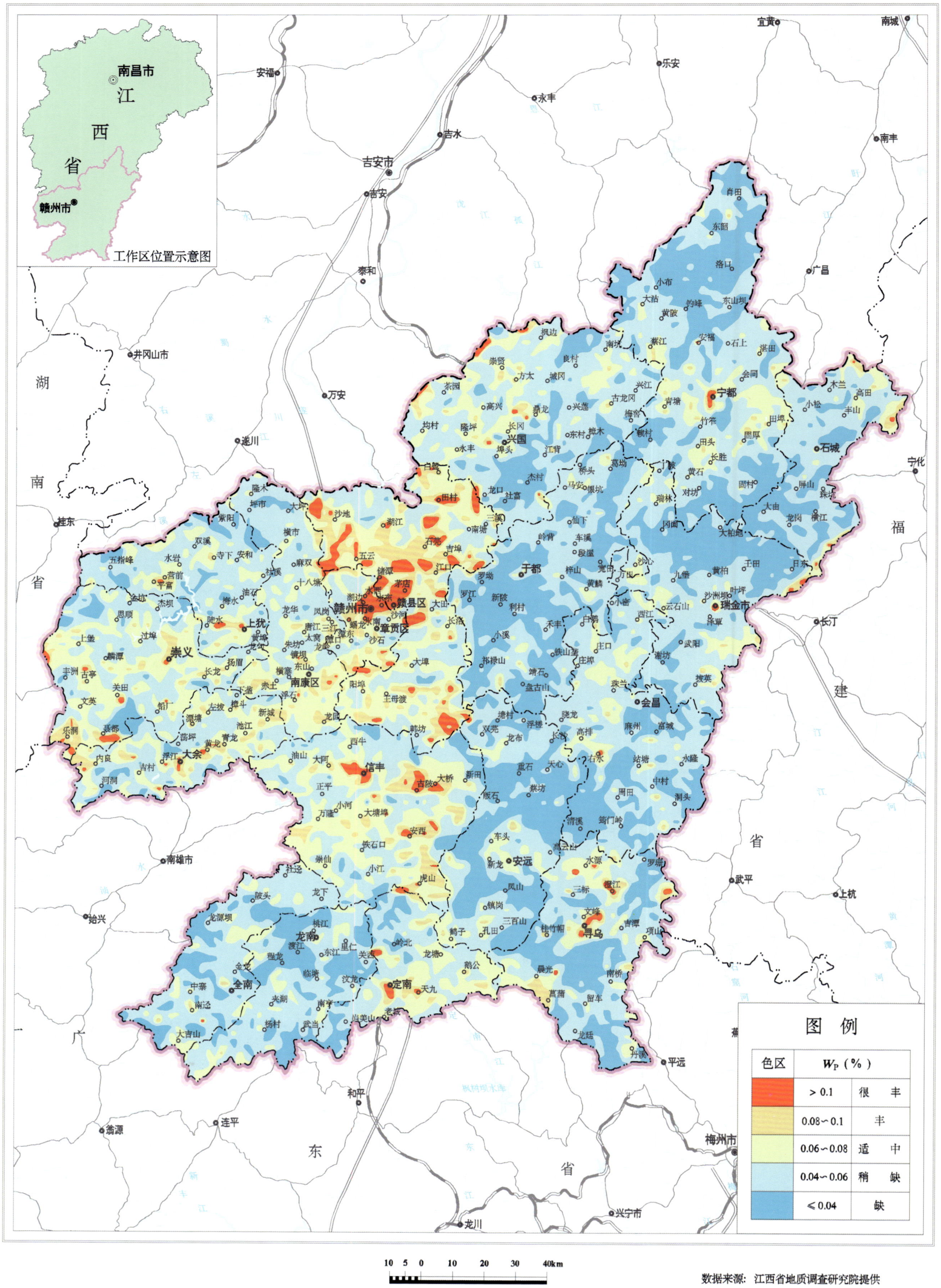

数据来源：江西省地质调查研究院提供

赣南革命老区表层土壤钾元素丰缺评价图

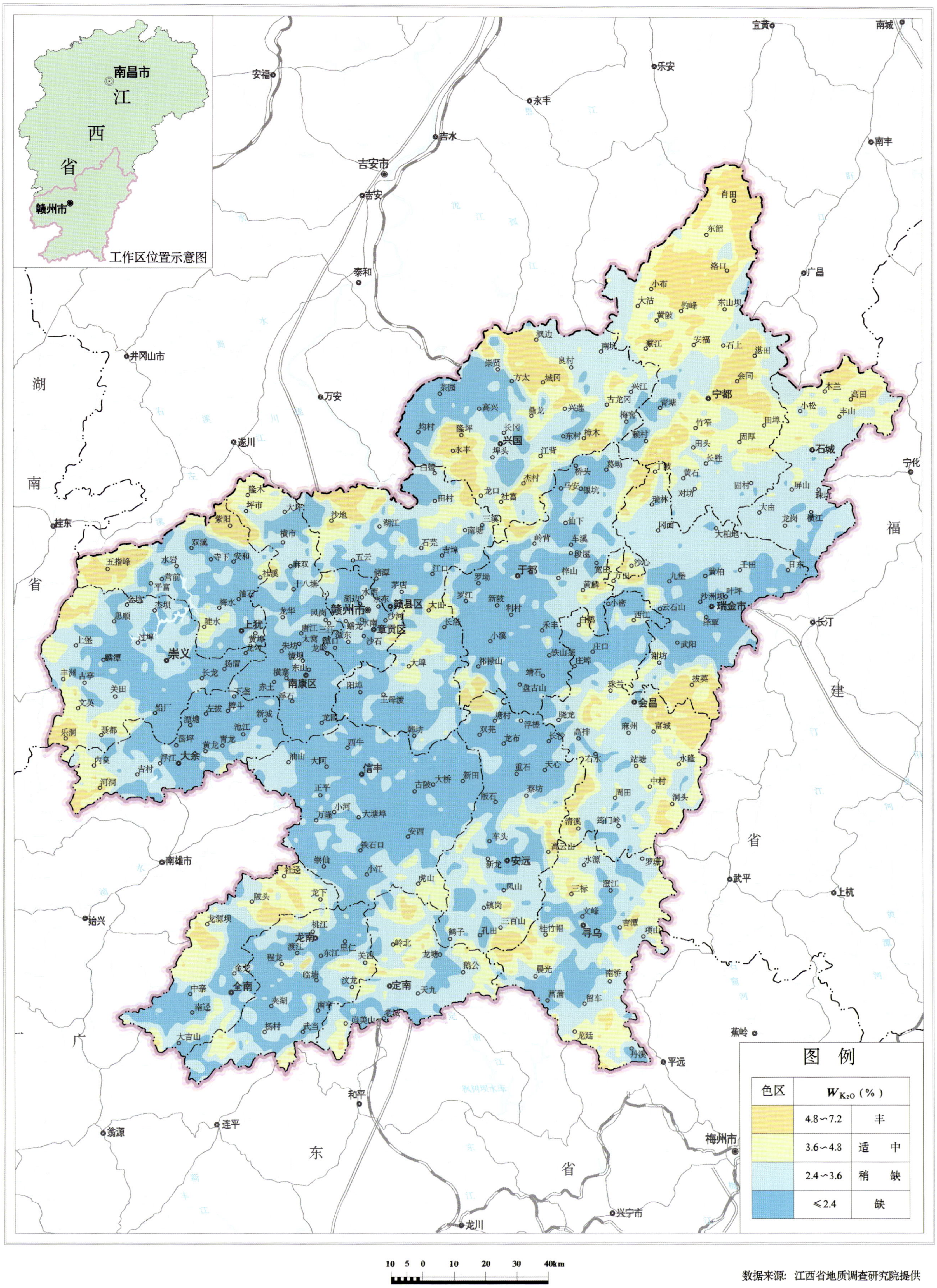

数据来源：江西省地质调查研究院提供

赣南革命老区表层土壤有机质丰缺评价图

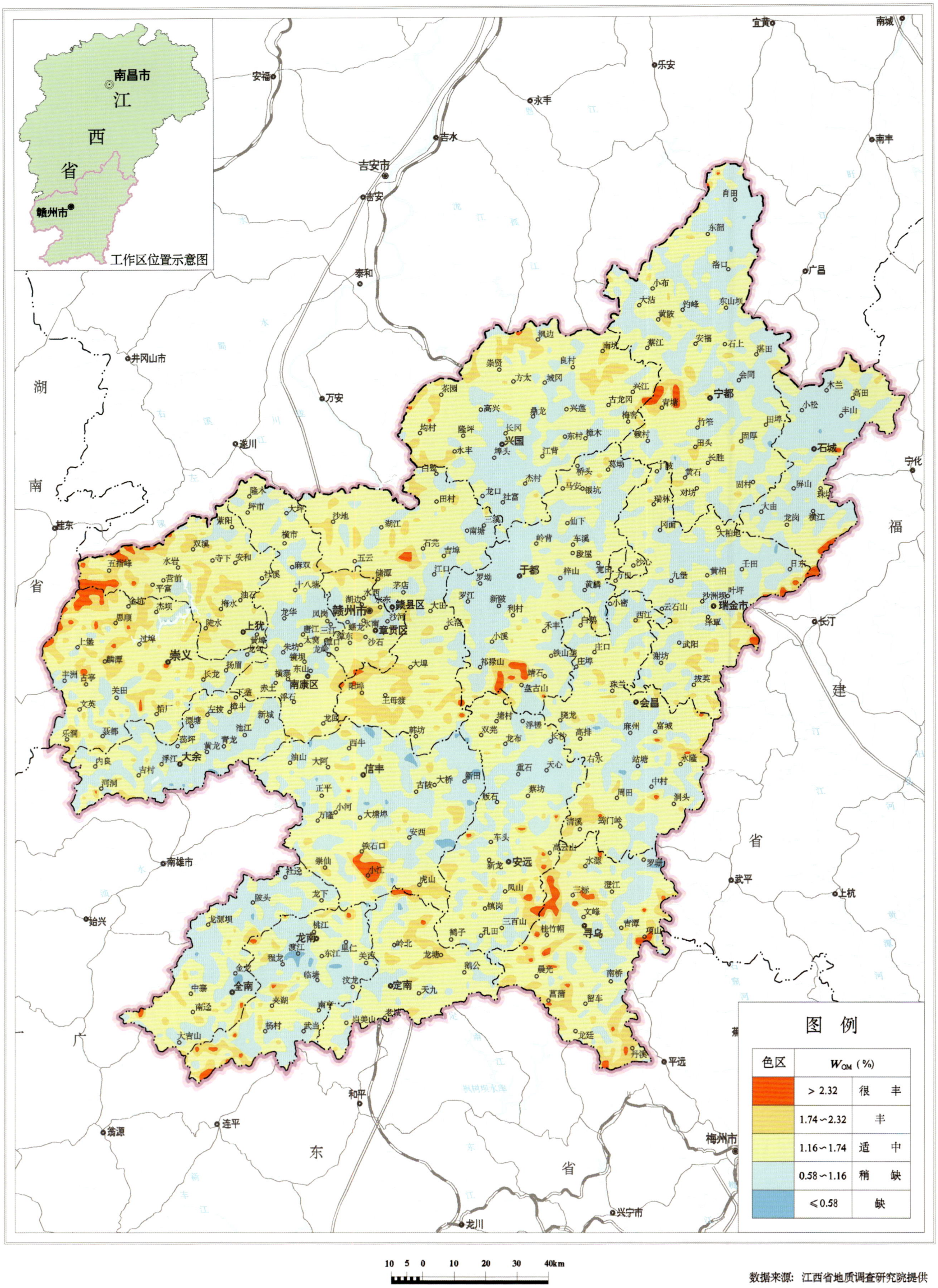

数据来源：江西省地质调查研究院提供

赣南革命老区土地质量地球化学调查工作程度图

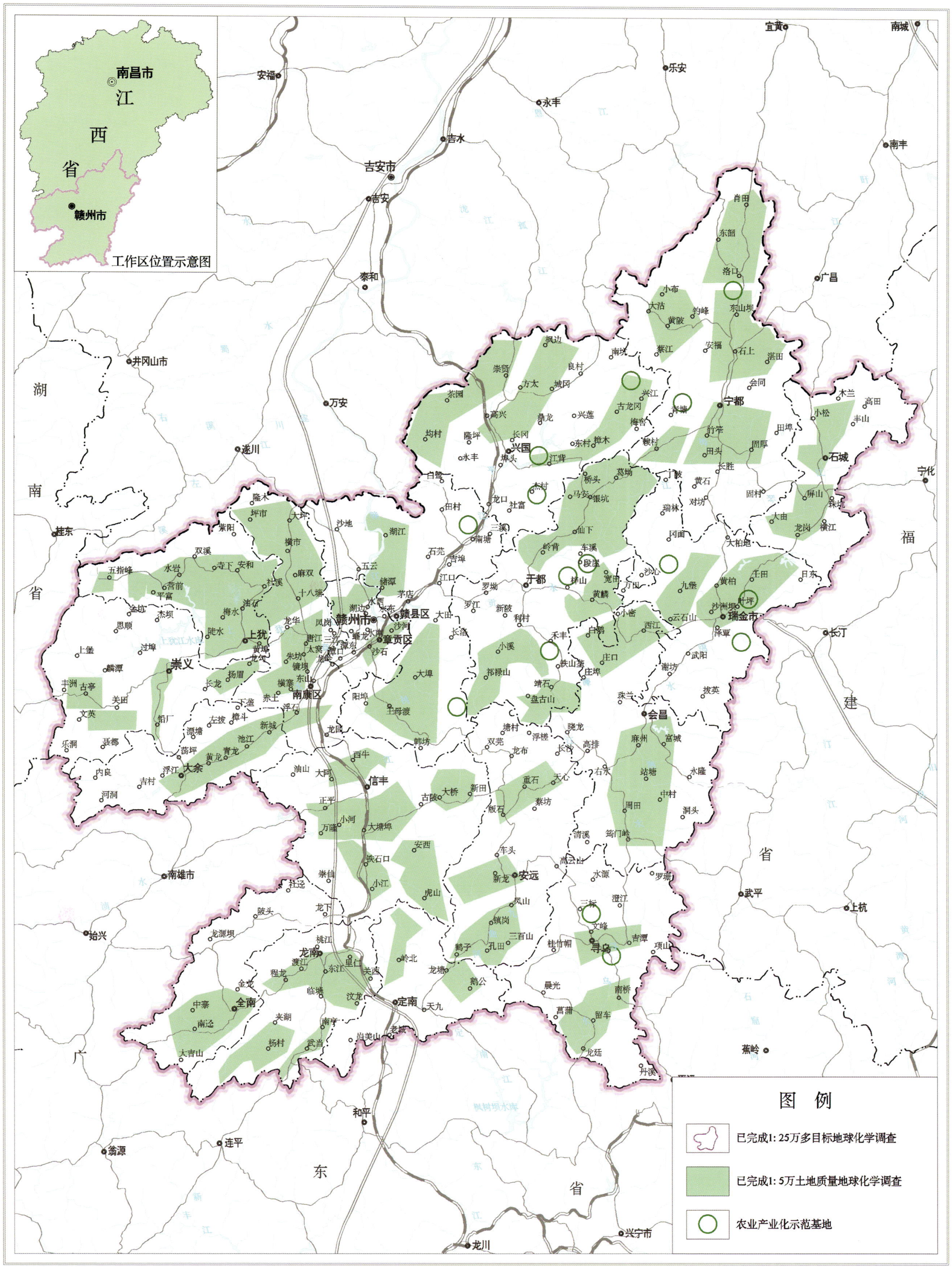

10 5 0 10 20 30 40km

数据来源：中国地质调查局南京地质调查中心提供

第五章

水文地质调查
保障老区饮用水与生产用水安全

水文地质环境地质调查完成 1:20 万水文地质调查 3. 94×10^4km^2，1:5 万水文地质调查与环境地质调查 6 440km^2，建立地下水供水示范工程 43 处，地下水开发示范井 187 眼，在赣县、宁都、于都、兴国(四县)发现了 179 处优质矿泉水点，实施降氟改水工程 15 个，解决了贫困区 40 万群众饮水安全和农业灌溉用水问题。

水文环境地质调查服务民生。前期开展 1:20 万水文地质调查 3.94×10^4km^2；完成 14 幅 1:5 万水文地质调查与环境地质调查图幅，总面积 6 440km^2，覆盖赣县、宁都、于都、兴国(四县)。获得了区域地下水补径排关系、地下水赋存条件、含水层特征、地下水类型、地下水水化学特征等数据，调查中采取探采结合的方式服务当地村镇用水所需，建立地下水供水示范工程 43 处，实施地下水开发示范井 187 眼。宁都县固厚乡、瑞金市沙洲坝、于都县马安乡马安村等地建立的安全饮水示范工程，通过采取引泉蓄水、塔式供水、新挖井 3 种示范工程，解决了人畜饮水和农田灌溉问题，促进了当地特种养殖业迅速发展，大幅增加农民收入。

支撑部分地区消除地方病的目标实现。查明了宁都等九县 16 区地方性氟中毒区域的地质背景和产生的原因，提出改水工程措施建议，并将其纳入农村安全饮水工程规划中。在宁都县黄石、小布、湛田，寻乌县河角，上犹县兰田、中稍等地实施降氟改水工程 15 个，1.3 万人喝上了健康的自来水，年轻人再也不用担心后代会变成“黄牙族”。有效地支撑 2015 年全市基本实现饮水型氟中毒达到控制标准的目标。

保障人畜安全饮水建设示范工程。2016年以来，中国地质调查局进一步在赣南实施完成了87口探采结合井，建成了4处安全饮水示范工程。赣县夏潭村完成2口水文调查井的钻探施工；在于都县银坑镇2口探采结合井，单井出水量达到1 000t/d以上，为银坑镇自来水管网补充水源；兴国县西霞村实施5口探采结合井，解决了2 000多亩耕地灌溉用水问题；在兴国文院、旺口实施的探采结合孔，单孔涌水量达1 980t/d，水质指标优良，估算其供水量大于10 000m³/d，可为县城10万余人解决应急供水问题。在兴国高多村、兴国含田村实施探采结合井为农业产业园建设助力，保障了园区招商开发。在赣县夏潭村、于都县银坑镇和兴国县西霞村建立了供水入户的安全饮水示范工程，有效地解决了部分群众饮用水安全问题。

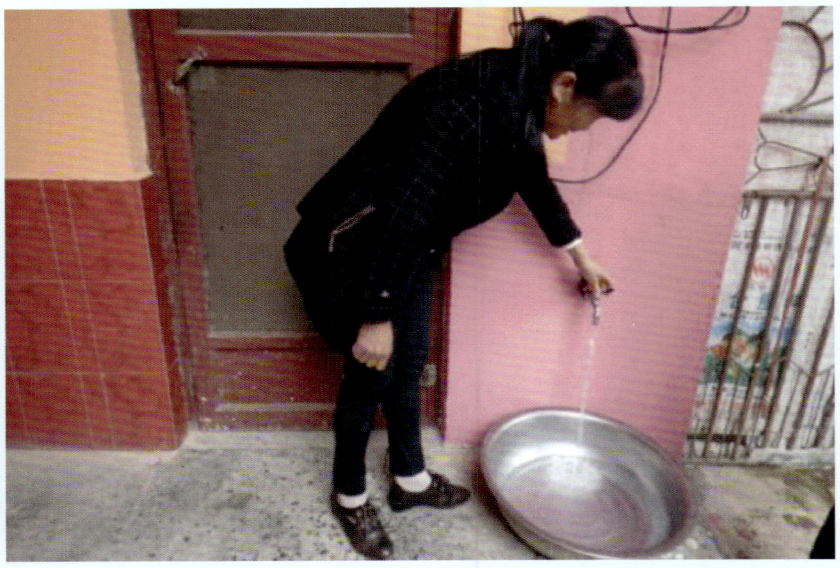

赣县夏潭村安全饮水入户供水示范工程

兴国县西霞村安全饮水入户供水示范工程

提出“水产业”发展的新产业模式。2016年以来，中国地质调查局进一步在赣南发现了179处优质矿泉水点，圈定2处饮用天然纯净水，成功实施6口矿泉水井。在赣县大埠乡、沙河镇、大田乡、茅店镇黄龙村，兴国县埠头乡、龙口镇，宁都县小布镇，于都县银坑镇等新发现25处优质偏硅酸矿泉水；兴国县和宁都县发现了2处天然锂矿泉水；兴国县发现稀有锂矿泉水2处，在龙口镇文院再次发现锂（含量0.725mg/L）-锶（含量0.32mg/L）-偏硅酸（含量37.56mg/L）矿泉水，且具备发展高端矿泉水产业的潜力；在兴国县杰村乡和社富乡首次发现2处优质地下水，电导率低于10μs/cm，pH 5.21～6.75，指标达到纯净水标准。赣南革命老区的水资源类型多样、储量丰富、品质独特，有望形成从高端到一般档次且能提供不同服务类型的商业水源地。

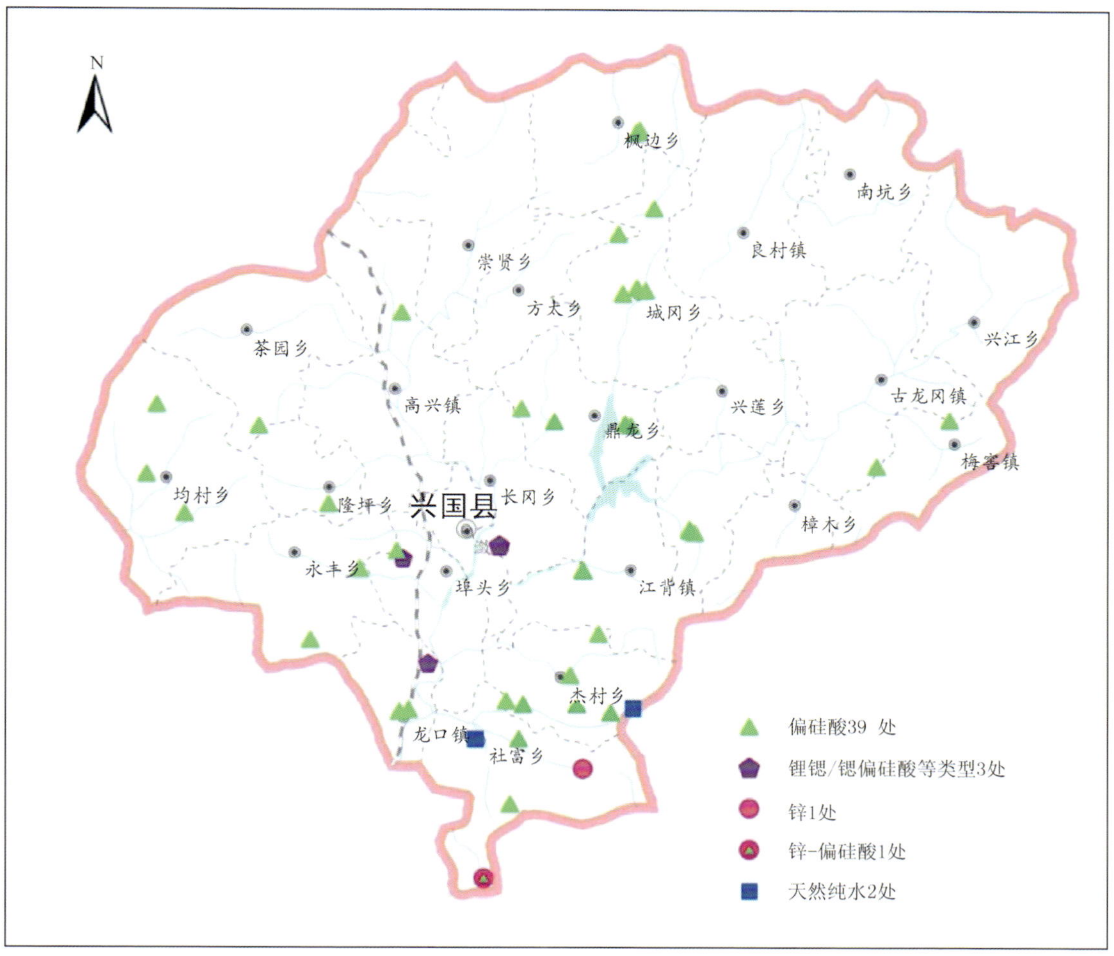

兴国县优质地下水分布图

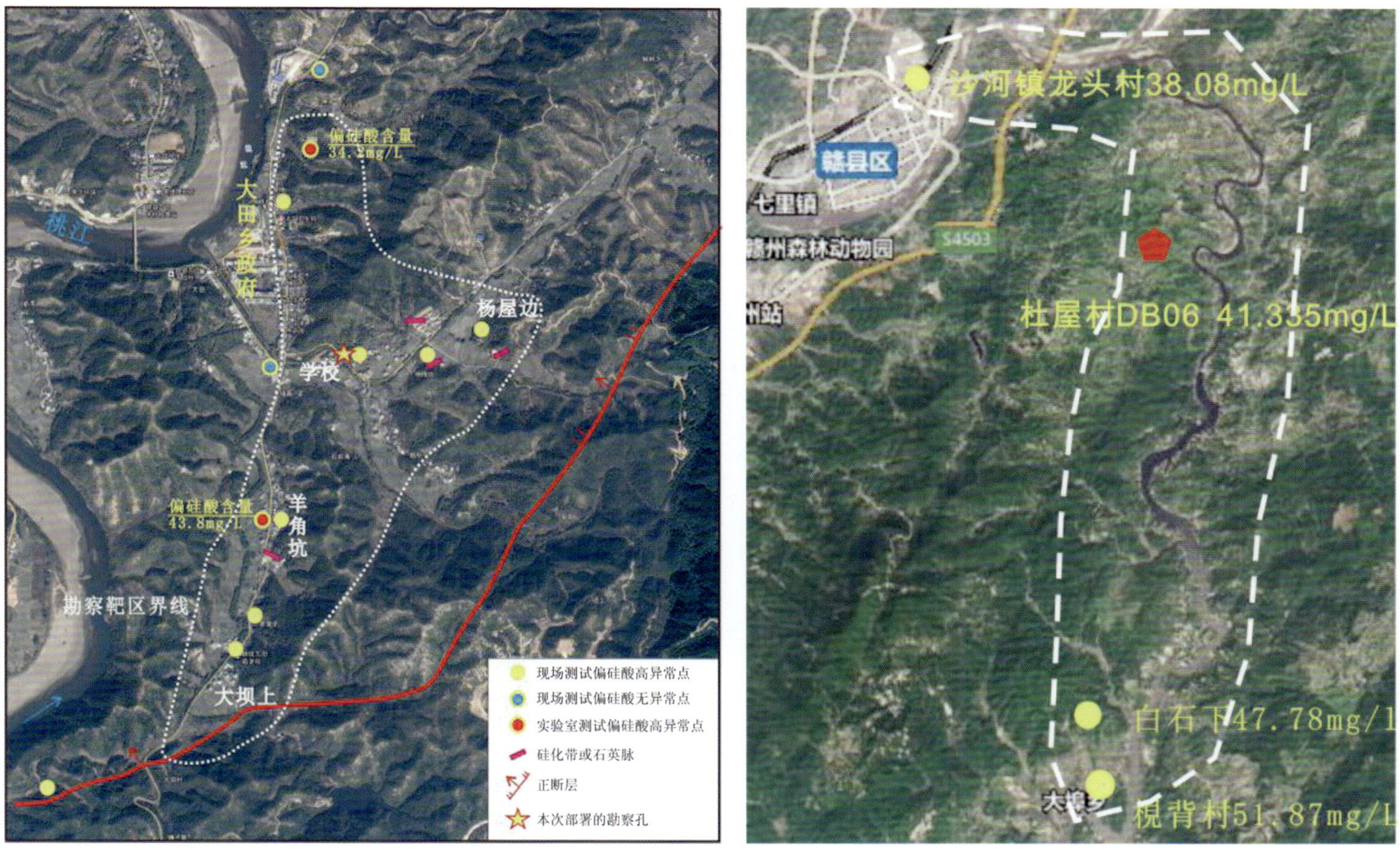

赣县矿泉水异常区及勘探孔示意

服务水产业发展和保障用水安全取得好的效益。赣南丰富的优质地下水资源已经具备形成新兴的“水产业”的条件，地质调查工作为赣南革命老区的经济发展新立一个产业支柱，兴国县由此调整产业发展规划，计划将“水产业”做成一篇产业调整升级的大文章。在宁都县小布镇发现的偏硅酸矿泉水点，有效支撑了小布岩茶的推广宣传和填补了全国十大特色旅游小镇的品牌内涵。水文环境调查直接解决了3万余人安全用水问题，为当地提供了多处安全应急水源地，解决了贫困区20余万群众饮水安全和农业灌溉用水问题。

赣南革命老区地下水含水层系统分布图

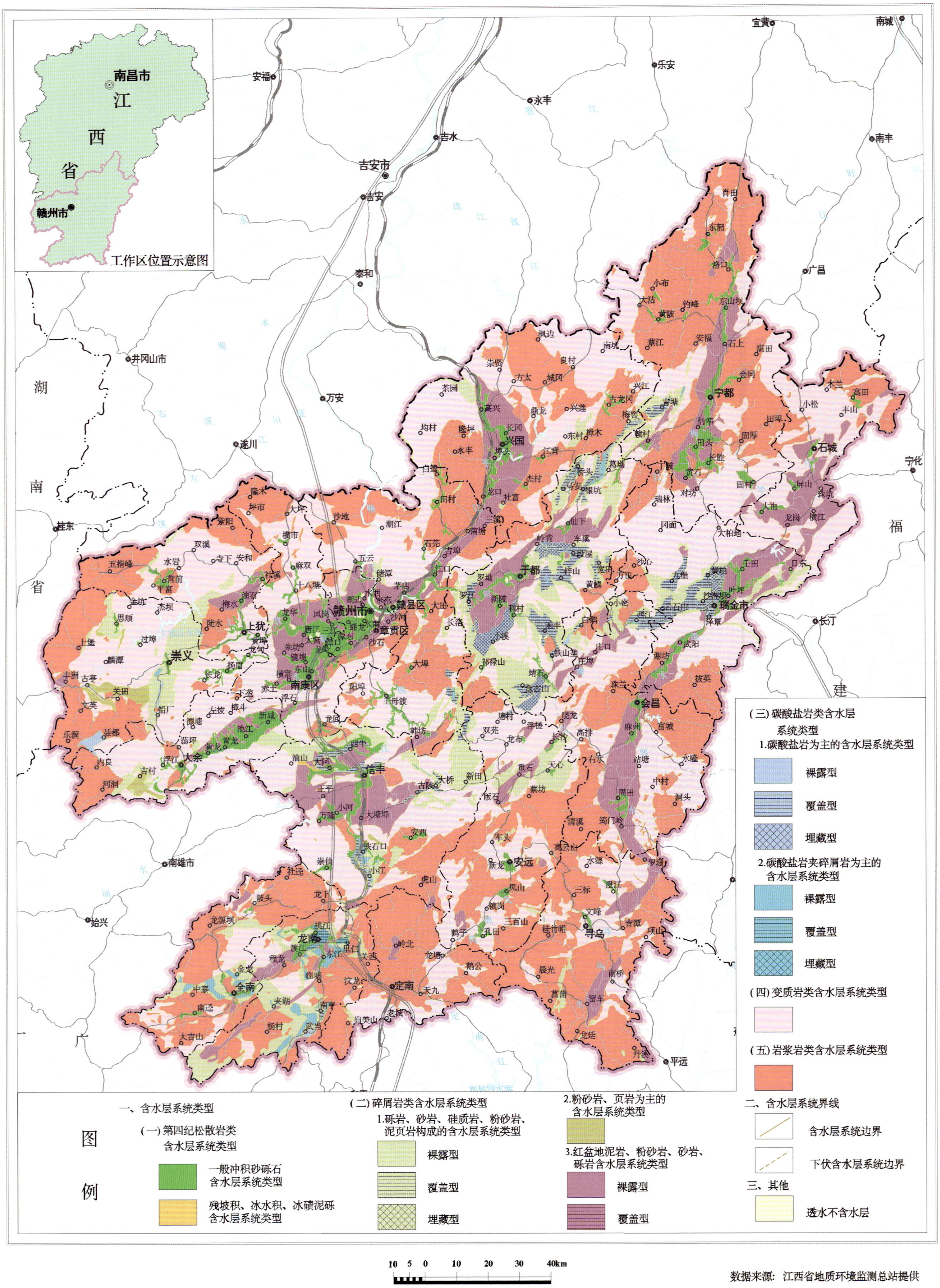

数据来源：江西省地质环境监测总站提供

赣南革命老区地下水环境图

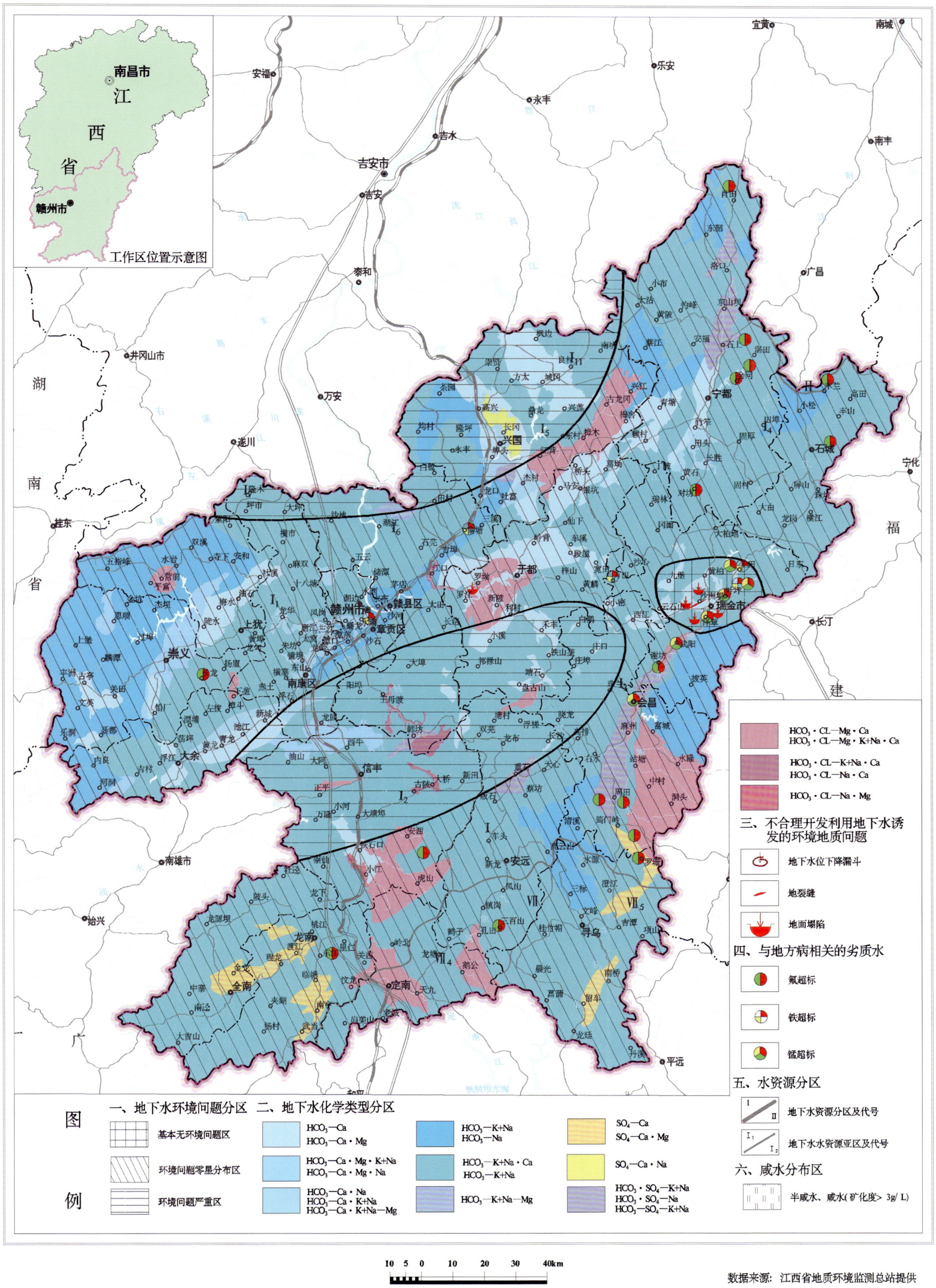

数据来源：江西省地质环境监测总站提供

赣南革命老区地下水资源图

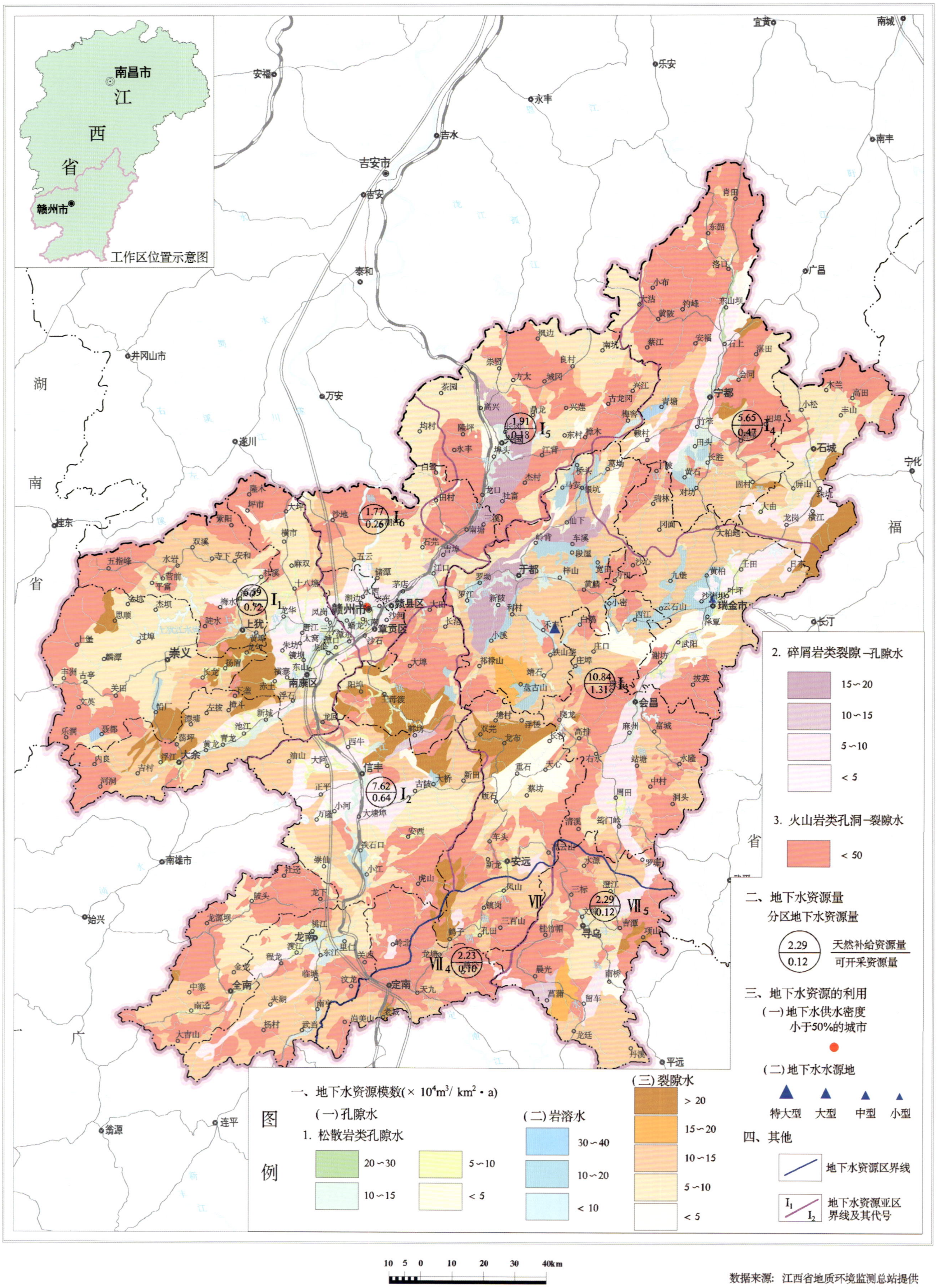

数据来源：江西省地质环境监测总站提供

赣南革命老区 1:5 万水文地质调查工作程度图

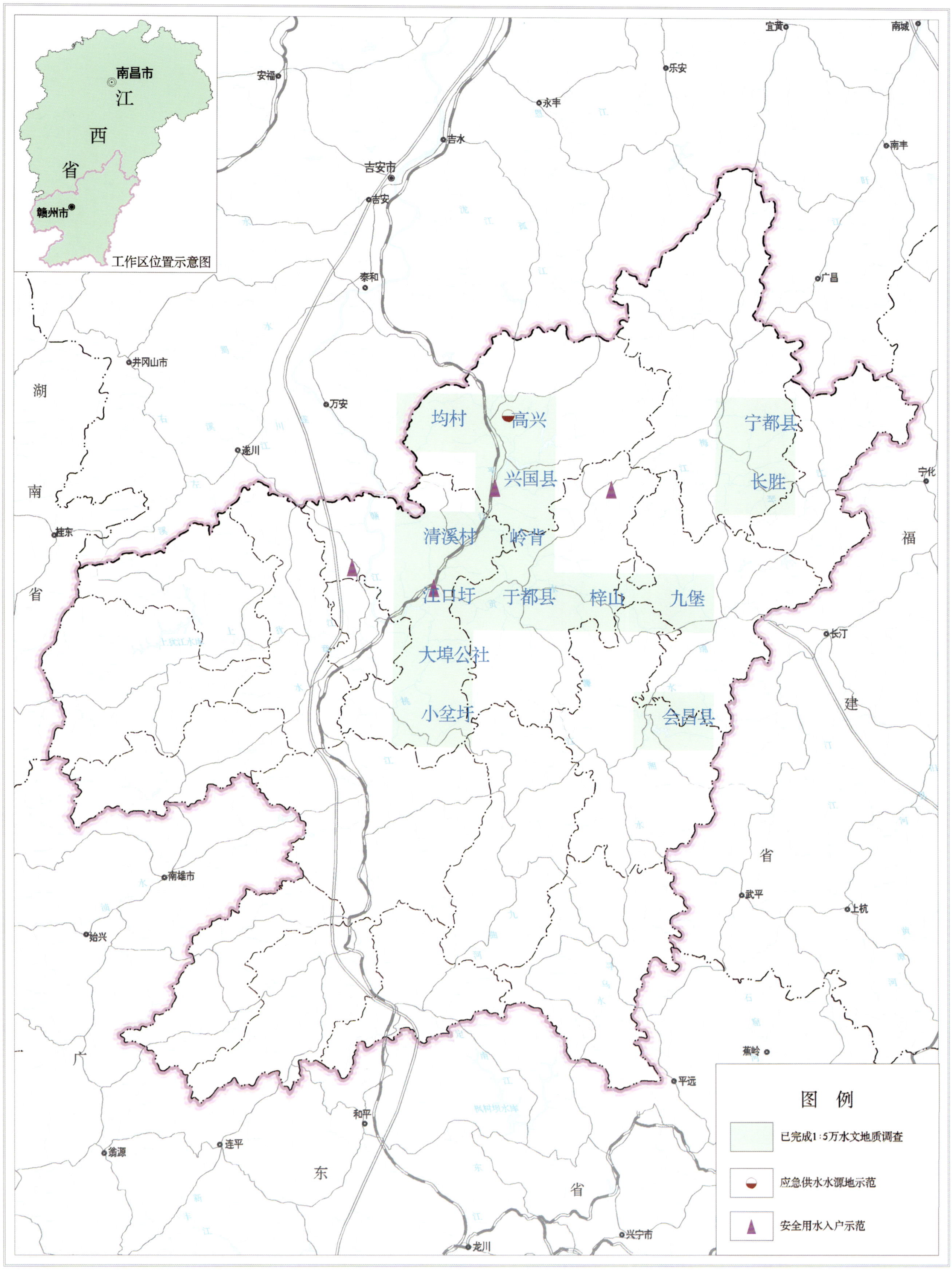

10 5 0 10 20 30 40km

数据来源：中国地质调查局南京地质调查中心提供

第六章

地热资源调查
有效支撑清洁能源开发利用

地热资源调查发现地热泉(温泉)点62处,探明可供开发利用的地热资源14处,查清地热水资源量21 308m³/d,水温≥45℃,开启了绿色扶贫模式。有力支撑清洁能源开发利用,为"中国温泉之乡"提供了资源保障,助推近5万贫困人口脱贫。

发现了丰富的地热水资源。地热资源调查发现地热泉(温泉)点62处,探明可供开发利用的地热资源14处,查清地热水资源量21 308m³/d。进一步在赣南革命老区发现了多处地热水和地热异常,石城县通天寨、上温寮,宁都县沙窝、罗陂,瑞金市咸水村,全南县南迳,寻乌县上津、南桥,于都县黄麟盐湖脑,南康区南山,安远县新塘等地的勘查取得了较好的效果。丰富的地热资源奠定了区域的产业基础,促进了当地旅游业的发展,石城县已被命名为"中国温泉之乡"。

地热水资源品质优良。寻乌县南桥资源可开采量2 800m³/d,温度56℃,地热水水质特征,氟、偏硅酸、游离二氧化碳、锂等元素均已达到或超过理疗热矿泉水标准,可命名为含氟锂偏硅酸碳低温热矿泉水。于都县黄麟盐湖脑地热获得含氟、偏硅酸、锂等有益矿物质,达到优质理疗热矿泉水水质标准;估算该矿区地热可采资源量为1 850m³/d。安远县新塘地热水为深循环对流型断裂带地热水,可采资源量为2 308.8m³/d,水温为54.0℃,地热水的水质类型为含氟氡偏硅酸弱碱性重碳酸钠型水,可命名为含氡的氟硅医疗热矿泉水,并含锂、锶、硫化氢等多种有益元素,适用于沐浴、理疗、旅游、休闲等多种用途。宁都县沙窝地区在花岗岩硅化破碎带中探获锶偏硅酸饮用天然矿泉水，H_2SiO_3 含量 46.15mg/L，Sr 0.377mg/L，流量约 86.88m³/d。瑞金市咸水村确定地热水可开采量为 1 349.48m³/d，水温 38～43℃，地下水化学类型为 $HCO_3^-·SO_4^{2-}$～$Na^+·Ca^{2+}$型，可以命名为氟水、硅水、温水、淡水，另外，氡含量达到了矿水浓度，但是未达到命名矿泉水浓度。宁都县蓝田地热水最高出水温度达 83℃，自流量 737.1m³/d，为全省第一高温地热水；石城县九寨至烧水湖地热水温度 49.6℃，可开采资源量为 1 284.77m³/d；石城县楂山里地热水温 54℃，水量 4 300m³/d，为全省基岩裂隙型地热水量第一井。

地热异常条件好资源潜力大。在综合分析已有大地热流、岩石热导率、岩石生热率和深部地温等要素的基础上，根据实施的地热钻孔资料和区域地质条件，结合地球物理勘探方法所获取成果对比研判，圈定了赣县韩坊、于都县黄麟乡公馆村、兴国县隆坪乡东部的中莹矿业（萤石矿）矿井、杰村乡萤石矿矿井、埠头乡西霞村枫树下和宁都县小布镇共 6 处地热异常区，确定了 15 处可供进一步开展工作的地热找矿靶区。宁都县小布镇实施一口地热勘探井，孔深 201.9m，水温 30.5℃，涌水量 288m³/d，初步发现地热异常。于都县黄麟乡公馆村施工一孔，孔底温度 34.0℃，孔口温度 21.3℃，地温梯度 3.97℃/hm，高于我国规定的 3.5℃/hm，显示该区有地热异常。在赣县韩坊镇大营里村新发现一口未被记录的低温热水机井，井口水温 26.6℃。兴国西霞村盆地控盆构造带次级构造部位实施的探采结合井，井深 100m 处，井口水温 28.9℃，单井涌水量 2 125m³/d。

赣南深层有着更加丰富的地热资源。赣南革命老区属于国内地热资源较丰富的地区，浅表层温泉点多，东部、南部和西部地区的地温梯度和热流值均比较高，有利于干热岩的形成。估算赣州地区 5km 深度干热岩资源量相当于 $1.81×10^{12}$t 标准煤，将开采率的上下限降低到 2%和 10%，干热岩中可开采出地热储量相当于 $(360～1\ 800)×10^8$t 标准煤。地热系统（干热岩）发电在该地区的应用是赣南应对煤炭资源短缺发展绿色能源的重要方向。

支撑清洁能源开发利用取得好的效益。赣南地热资源调查与开发开启了绿色扶贫的新模式，有力支撑了清洁能源的开发利用，为发展旅游经济提供了推动力。石城县通天寨地热水经过勘查开发，已成为“中国温泉之乡”，有力促进了当地旅游业的发展，2015 年全县接待游客 233.6 万人次，实现旅游综合收入 8.439 亿元，占全县 GDP 的 20.33%，被评为“江西旅游发展十佳县”“中国乡村旅游创客示范基地”。2017 年，旅游人数达到 366.7 万人次，旅游收入 17.17 亿元，成为县域经济的首位产业。该处地热水的成功勘查与开发，示范引领全南、南康、安远、信丰、赣县、宁都、瑞金、会昌、赣县、上犹等县投资地热强烈的工作需求。仅石城、寻乌两县地热项目拉动社会资金投入地热开发 30 亿元，助推近 5 万贫困人口脱贫。

赣南革命老区地热资源分布图

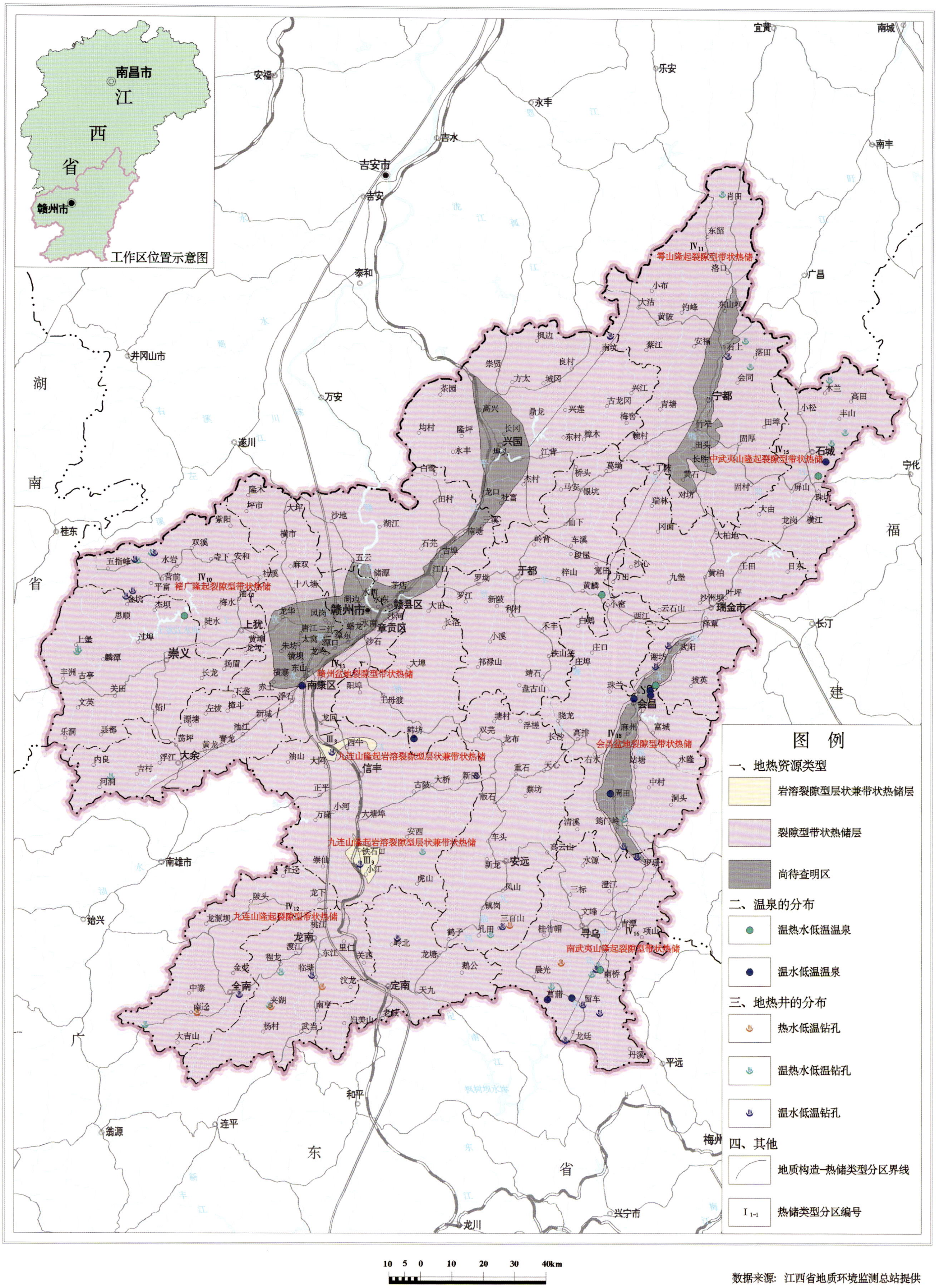

数据来源：江西省地质环境监测总站提供

第七章

地质遗迹调查
助推地方特色旅游产业发展

地质遗迹资源调查支撑地方成功申报 1 处国家地质公园、1 处国家矿山公园、2 处省级地质公园，助推赣州市获得"中国恐龙之乡"称号，有力推动地方特色旅游产业发展。

赣南革命老区地质遗迹资源丰富。实施赣南革命老区地质遗迹调查，摸清了赣南革命老区地质遗迹资源家底，查明老区共有 82 处地质遗迹点，鉴评出世界级地质遗迹点 3 处，国家级地质遗迹点 6 处。赣州的地质遗迹以大量丹霞地貌景观、花岗岩地貌景观、火山岩地貌景观资源和大量古生物化石资源优势明显。同时，在瑞金市发现以丹霞地貌中钙化堆积以及构造裂隙"一线天"发育密度大为特点的地质遗迹景观，赣县发现以丹霞地貌为特征的龟裂发育集中区，具有重要的科普教育价值和美学观赏价值。赣南革命老区的地质遗迹结合丰富的客家人文景观、红色革命遗址和优良的山水生态，形成具有明显特色的旅游资源。

提升不同地质遗迹资源的品质。用非常之策落实非常之举，地质调查工作协助地方人民政府成功申报石城县通天寨国家地质公园，支撑上犹县五指峰地质公园、兴国县丹霞地质公园通过省级地质公园评审。支撑于都县盘古山矿山公园成功申报国家矿山公园。服务信丰县山水林田湖项目——信丰香山地质公园地质遗迹保护工程申报地质公园，积极推动赣州市恐龙化石的保护开发与利用工作，为赣州市被中国古生物化石保护基金会授予“中国恐龙之乡”称号提供技术支持，成为赣州旅游的新名片。已建成的江西石城县国家地质公园2017年门票收入达到2 200万元，从而带动了全县旅游业并创下17亿元的收入。地质遗迹资源的品质提升，为赣南革命老区人民带来巨大的旅游收入，带动了服务行业的发展，拉动就业，满足社会需求。

建立地质遗迹保护体系服务乡村振兴。推动建立赣州市(县)地质遗迹保护体系，加大地质遗迹保护调查和科学研究力度，提出保护与科学利用建议，进一步在赣南形成国家级的丹霞地貌地质遗迹资源开发与化石保护基地。近年的地质遗迹调查与服务乡村振兴战略相结合，依托地质遗迹资源先天禀赋，深度挖掘其观赏价值、科学研究价值，带动科普教育，为推动地方“生态旅游、文化旅游”的旅游业繁荣和发展起到积极的促进作用。总结并推广石城经验，选择典型地区，开展地质文化村建设研究，形成“地质遗迹+旅游”“地质遗迹+文化”“地质遗迹+农业”等多元化服务模式。

赣南革命老区地质遗迹分布图

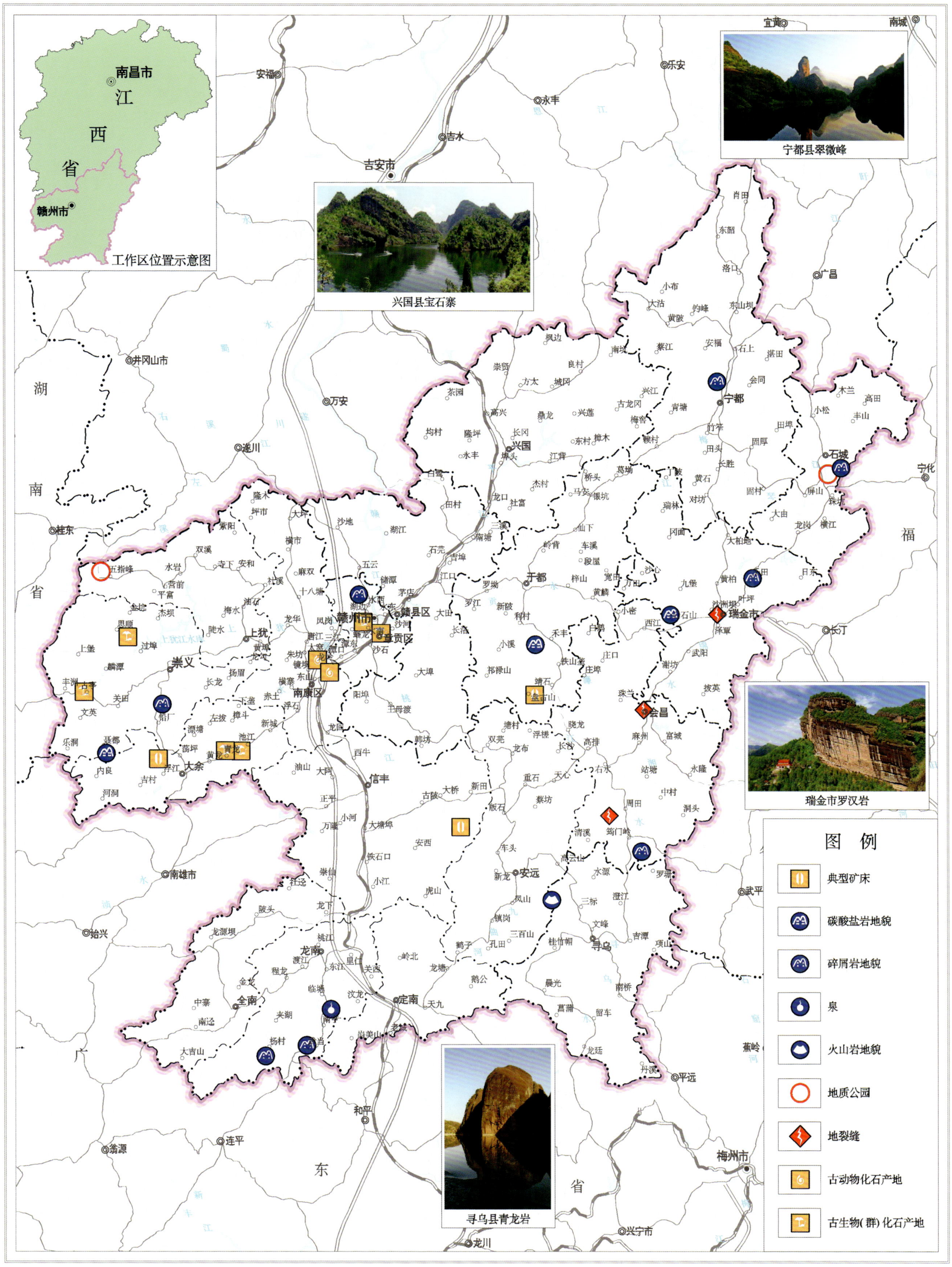

10 5 0 10 20 30 40km

数据来源：江西省地质调查研究院提供

第八章

矿产地质调查
明确矿业开发前景和脱贫方向

矿产地质调查完成 1:5 万区域地质调查 $3.535\times10^4km^2$、矿产地质调查 $1.89\times10^4km^2$、航空物探 $1\times10^4km^2$。推动贫困区矿产资源优势向经济优势转化，提交 571 处矿产地，催生 1 525 个矿山企业，采矿业总产值 600 亿元，矿业延伸产业总产值 1 333 多亿元，矿业从业人员近 14 万人，形成了"一人就业、全家脱贫"的矿业扶贫模式。

摸清了赣南革命老区的矿产资源"家底"。 完成 1:5 万区域地质调查 $3.535\times10^4km^2$、矿产地质调查 $1.89\times10^4km^2$、航空物探 $1\times10^4km^2$。在赣南发现矿种 110 种，查明资源储量矿种 65 种，提交矿产地 571 处，其中大型 24 处、中型 86 处。钨、稀土和萤石累计查明资源储量分别是 195×10^4t、126×10^4t 和 568×10^4t。

夯实了赣南革命老区的工业产业基础。 特别是 2012 年以来，通过矿产地质调查，圈定物探异常 258 处、化探异常 224 处，新增矿产地 163 处(含稀土矿产地 7 处，萤石矿产地 52 处，钨矿产地 84 处)，其中大中型矿产地 27 处，有效支撑了找矿突破 358 目标的实现，为崇义大余钨矿业经济区、赣州市钨和稀土深加工矿业经济区、龙南稀土矿业经济区、兴国氟盐化工矿业经济区、瑞金会昌氟盐化工矿业经济区等建设提供了有力支撑。2015 年全市稀土产业销售收入 197.97 亿元、盐化工销售收入 75.19 亿元、钨产业销售收入 302 亿元，赣州市采矿业总产值达到 600 亿元，矿业延伸产业总产值达到 1 333 多亿元，带动了社会各行业广泛发展。

危机矿山接替资源找矿专项。在大余县西华山钨矿，探获内带含钨石英脉组4个，新增WO_3资源量10 441t、Mo资源量611t；荡坪钨矿新增金属量WO_3 4 032t、Mo 1 066t、Bi 166t；大余县樟斗钨矿、左拔钨和盘古山钨矿新增加了一批资储量。画眉坳钨矿开展的找矿预测工作，构建了画眉坳重点工作区石英脉型钨矿"三位一体"找矿预测地质模型，预测画眉坳主矿带往北东空白区侧伏延长2km以上，钻孔验证成功揭露预测的隐伏矿体。

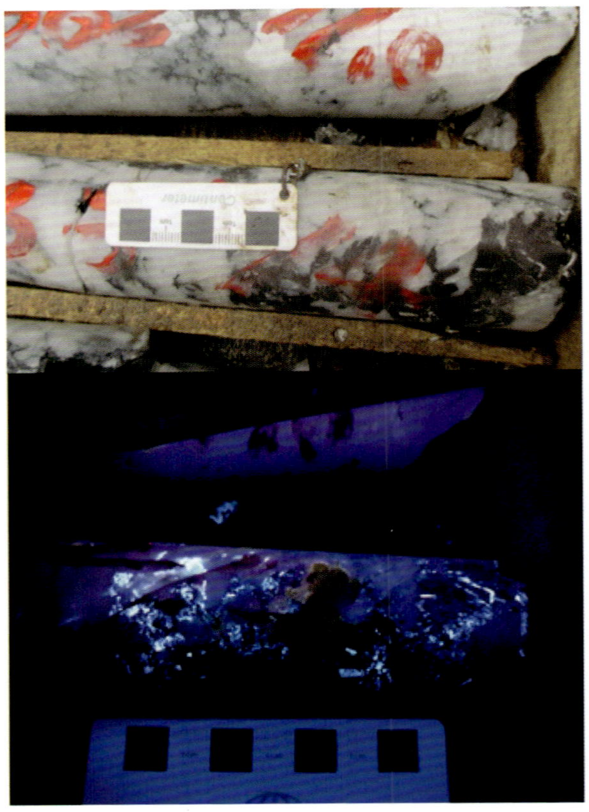

矿产资源整装勘查工作。新设立江西于都银坑-宁都青塘金银多金属矿地区、桃山铀矿外围地区、宁都河源-石城海罗岭锡地区、会昌岩背-寻乌铜坑嶂地区4个整装勘查区，开展矿产地质调查，查明成矿地质特征，初步建立成矿模式，取得新发现、新认识，根据其找矿标志目前已在会昌岩背外围矿背、老茶亭等地发现具中型以上规模的锡矿产地。

地质矿产调查评价专项。新发现矿点、矿化点60余处，预计可提交8处中型以上矿产地。查明二叠纪车头组为赣南重要的含锰层位，为华南地区的锰矿找矿突破提供了新的方向；确认赣南地区是南方伟晶岩型锂辉石的重要成区，发现了宁都潭源、谷寨等矿床；在会昌岩背地区新发现一批具有重要工作意义的找矿靶区，并在会昌岩背外围矿背、老茶亭等查明具中型以上规模的锡矿产地；进一步在兴国-宁都-瑞金地区调查发现有较大规模的萤石矿找矿远景区。

江西省地质勘查基金。新发现宁都县葛藤嘴产于浅变质岩风化壳中的离子型稀土矿，查明葛藤嘴、杨家车、固村、新屋底4处中型以上规模的稀土产地；探明瑞金市石下等5处可供进一步勘查开发的萤石矿产地，支撑了瑞金、会昌、定南、上犹、宁都等县(市、区)萤石矿业的开发。新发现12处可供进一步普查的矿产地和1处优质紫砂陶瓷原料基地，提交于都县红旗排滑石矿，寻乌县河背、百坑和会昌县右水大型高岭土矿4处中大型矿产地，瑞金市山坑有望形成1处新型陶瓷产业基地，支撑赣南革命老区新型产业发展。

矿产地质调查成效显著。矿产地质调查支撑江西润鹏矿业、江西朝盛实业、兴国中萤矿业等当地矿山企业持续生产，实现了贫困人口与贫困户"一人就业、全家脱贫"的矿业扶贫模式，有力地支撑了现今矿业形势低迷下的矿业企业生存和当地就业。支撑西华山钨矿等一批危机矿山深部及外围调查新增资源量，延长了矿山服务年限，稳定就业5 500人，人均年收入约5万元，带动近2万人成功脱贫。帮助矿产企业改进采选工艺技术，金龙锡业、龙威锡业年生产能力达100×10^4t，锡精矿年生产能力4 000t，冶炼能力1.18×10^4t，实现年产值1.5亿元，上缴地方税费3 000万元，安排就业人数1 000人，带动解决就近的贫困人口就业300户以上。矿业从业人数达到13.71万人，近45万贫困人口受益。

赣南革命老区矿产资源勘查开发总体布局图

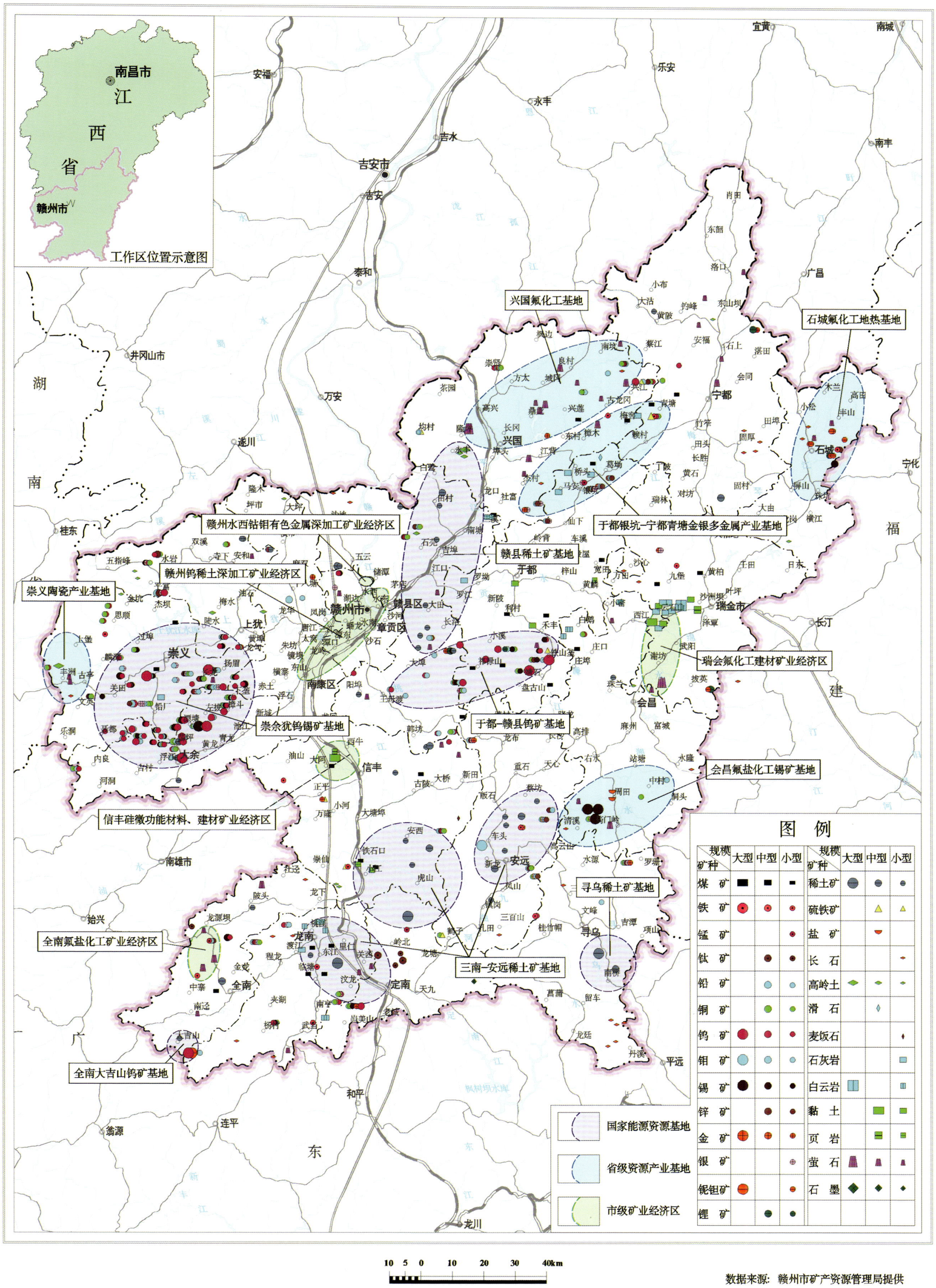

数据来源：赣州市矿产资源管理局提供

赣南革命老区非金属优势特色资源分布图

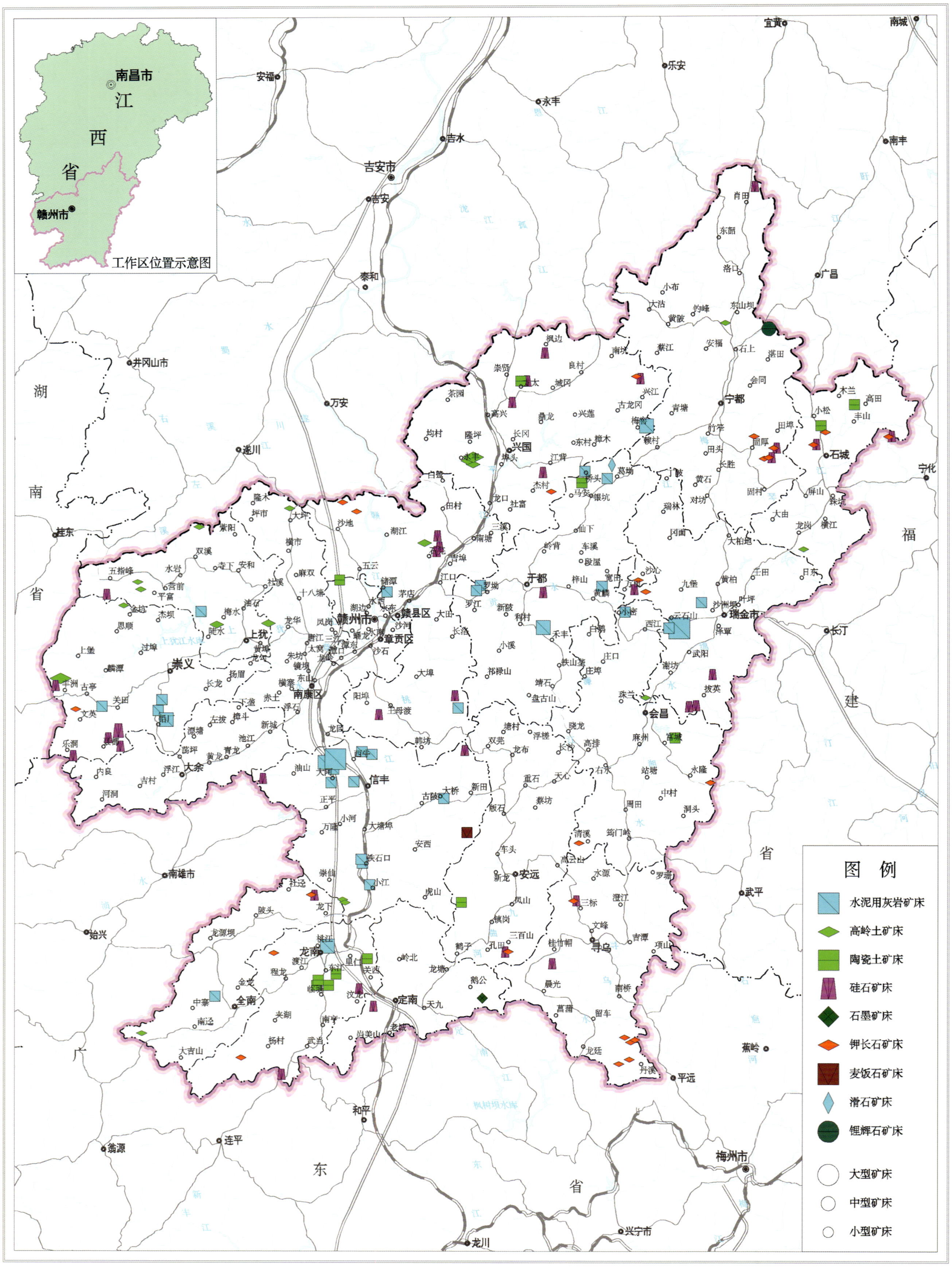

10 5 0 10 20 30 40km

数据来源：赣州市矿产资源管理局提供

赣南革命老区钨矿床分布图

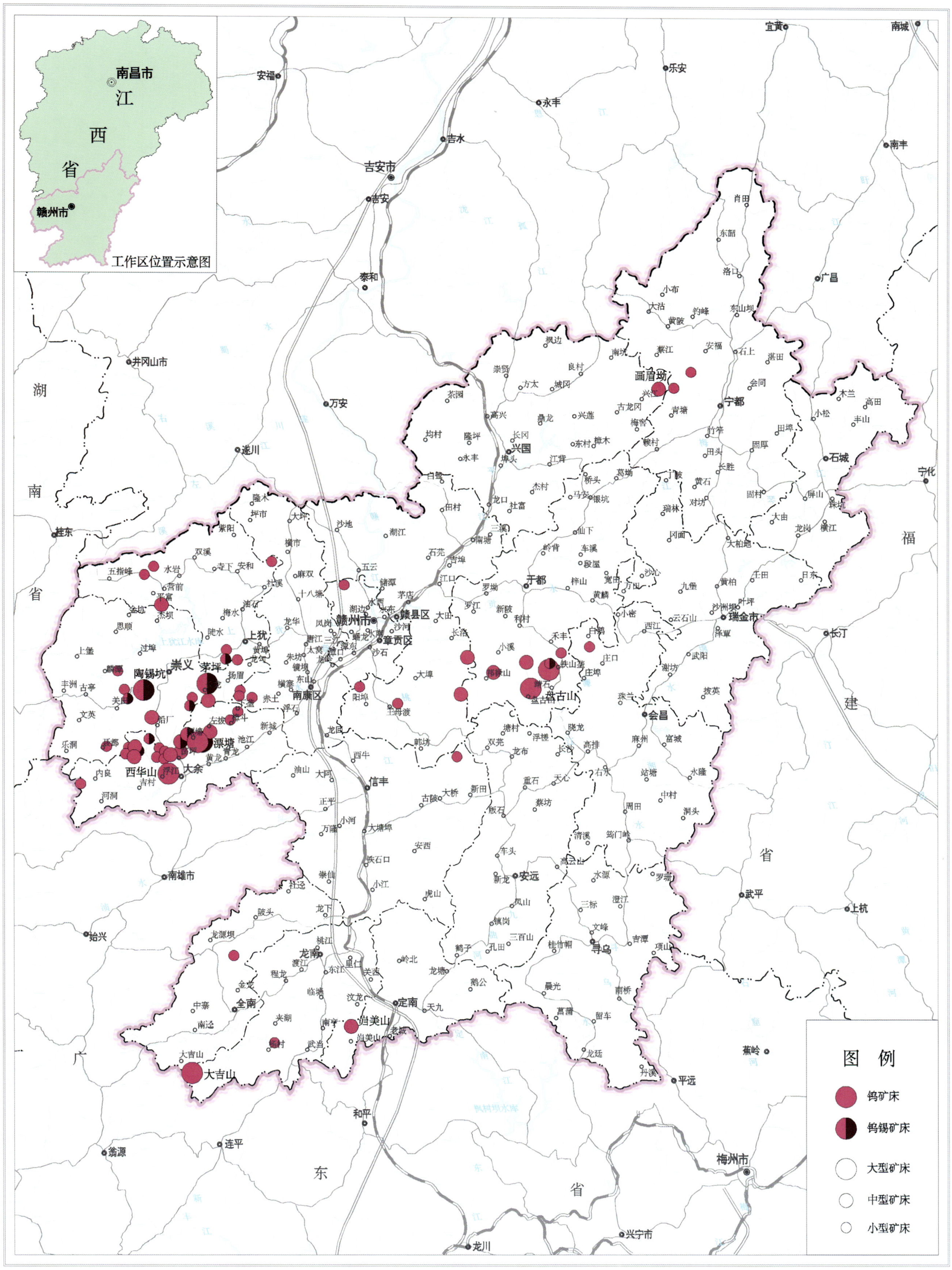

10　5　0　　10　　20　　30　　40km

数据来源：赣南地质调查大队提供

赣南革命老区稀土矿床分布图

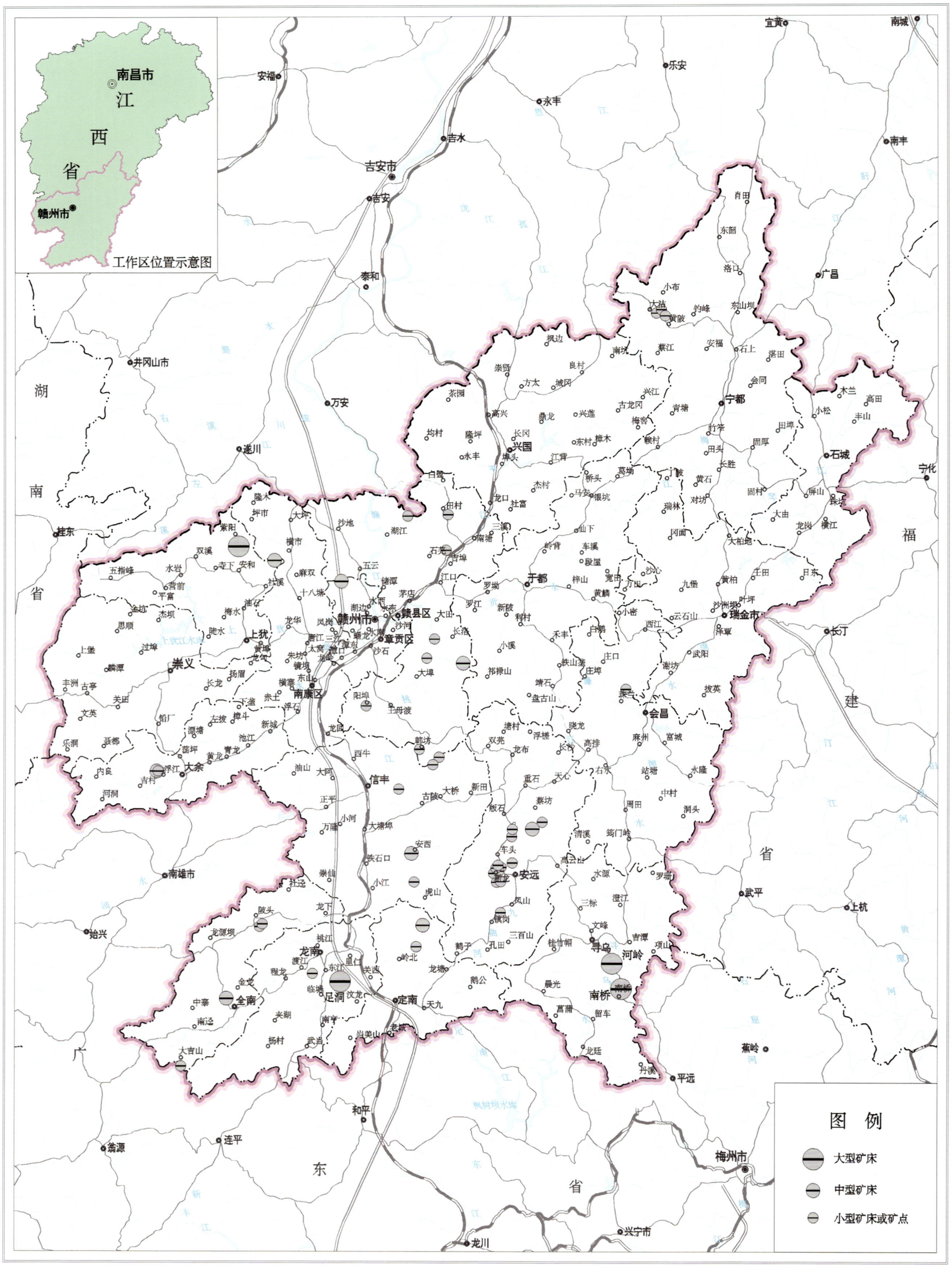

10 5 0 10 20 30 40km

数据来源：赣南地质调查大队提供

赣南革命老区萤石矿床分布图

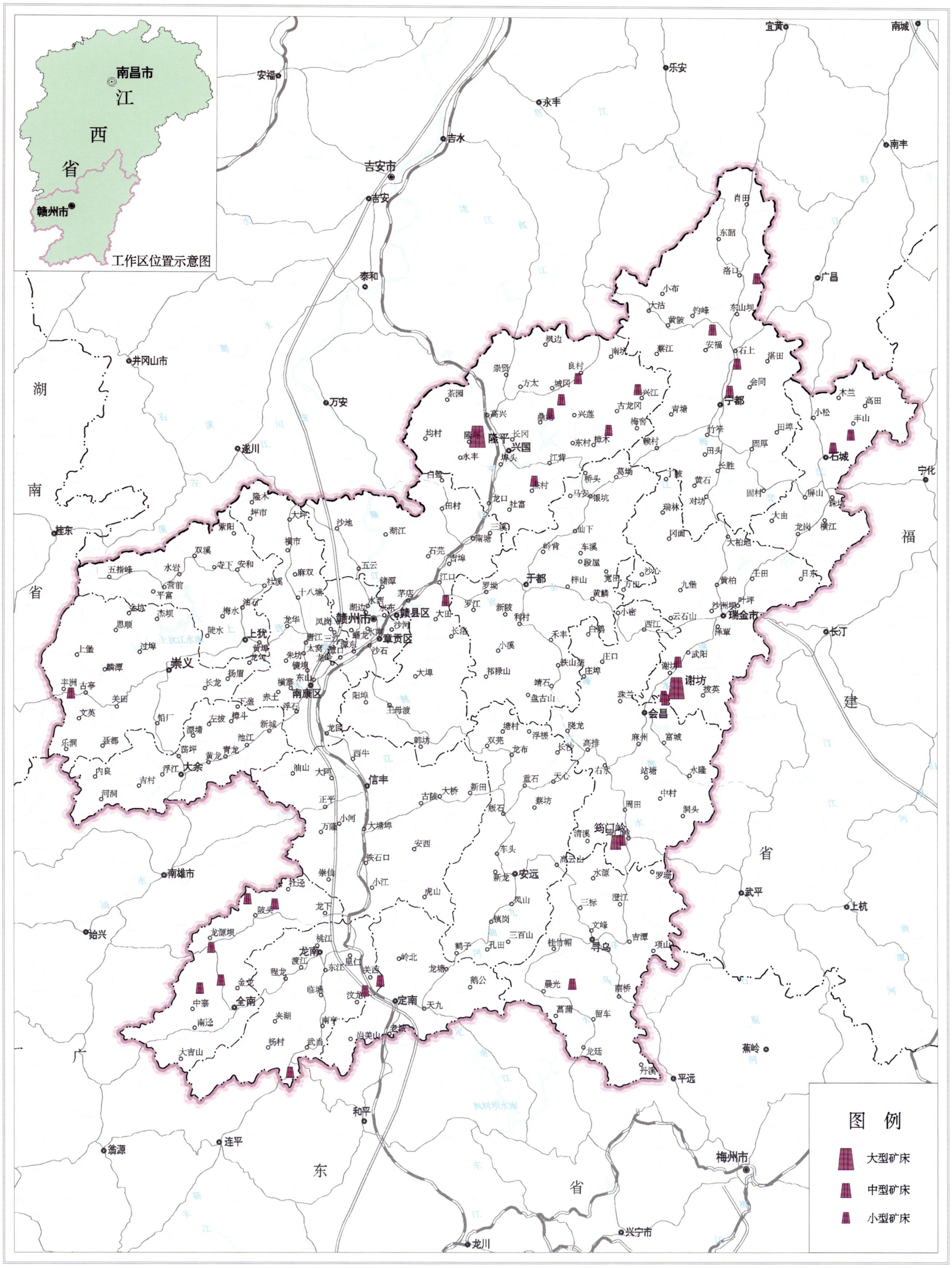

10 5 0 10 20 30 40km

数据来源：赣南地质调查大队提供

赣南革命老区矿业权设置现状图

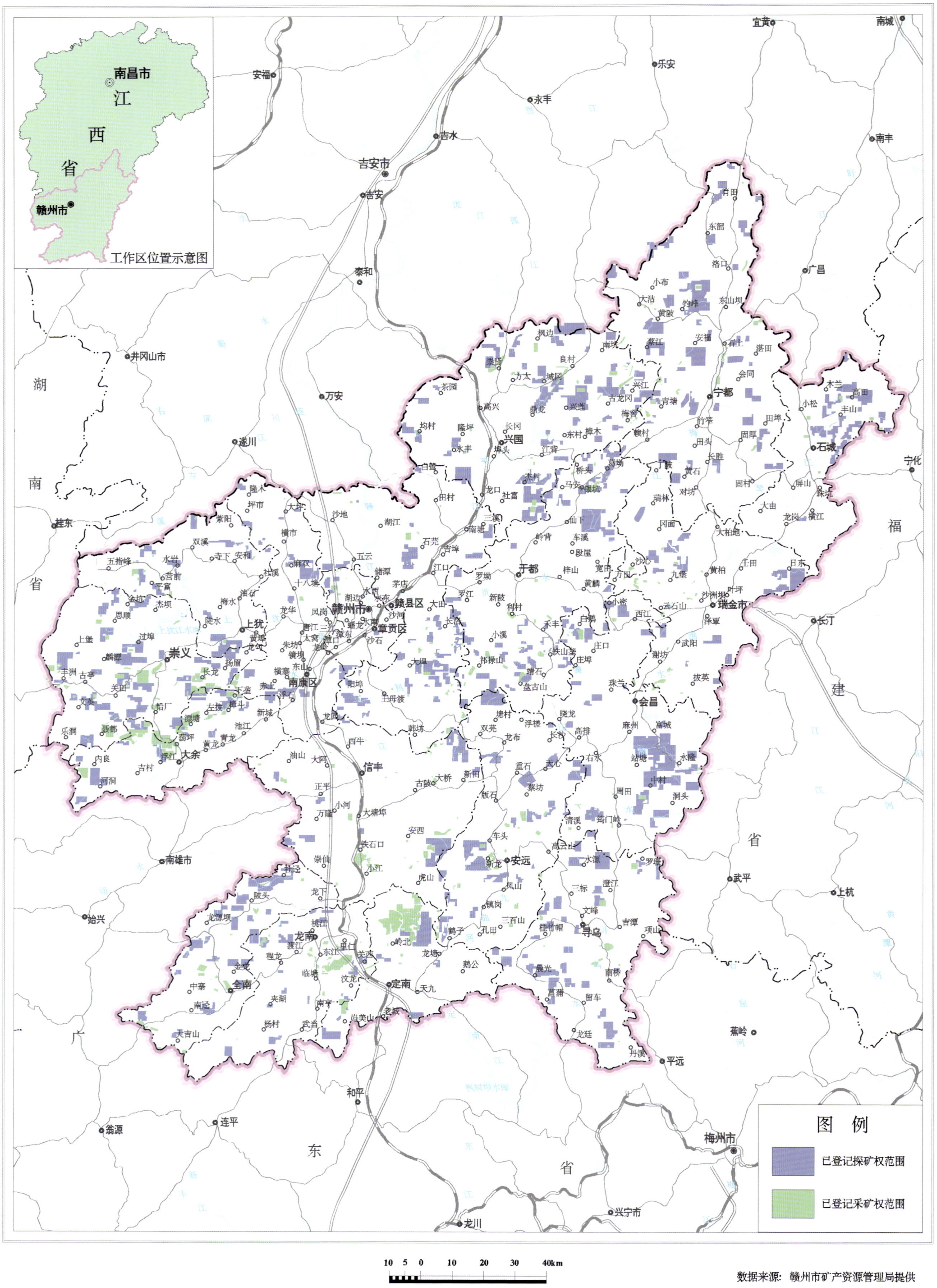

数据来源：赣州市矿产资源管理局提供

赣南革命老区 1:5 万区域地质调查工作程度图

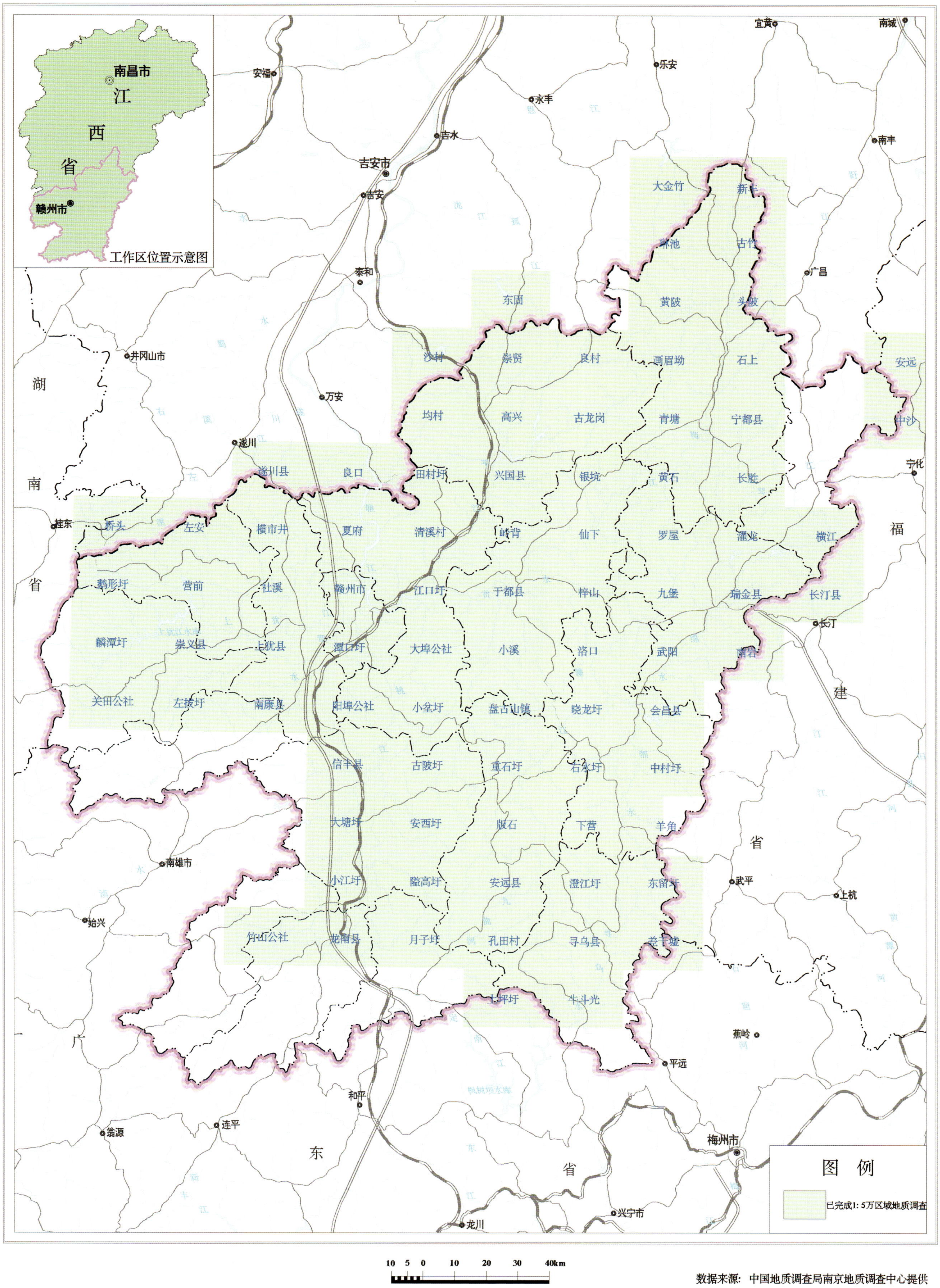

数据来源：中国地质调查局南京地质调查中心提供

赣南革命老区 1：5 万矿产地质调查工作程度图

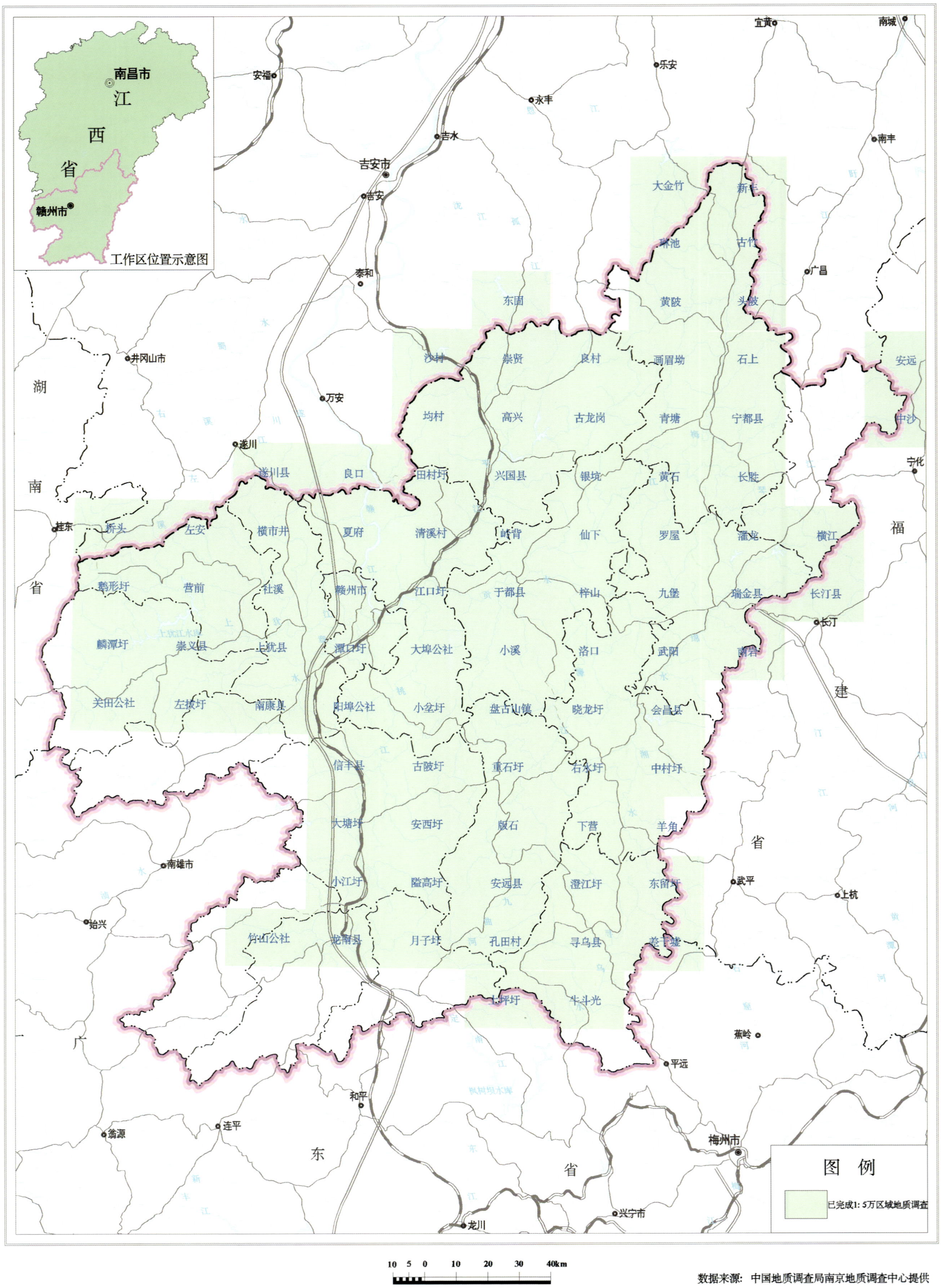

数据来源：中国地质调查局南京地质调查中心提供

第九章

地质灾害调查
服务防灾减灾及保障民生安全

地质灾害调查与重大灾害防治查清隐患 11 339 处，筛选特大型险情地质灾害点 2 处，保护 4 000 多人的生命财产安全，指导 4 802 户、2.04 万人搬迁避灾，成功避让灾害 324 起，避免人员伤亡 2 662 人。

查明了地质灾害的分布规律及基本特征。完成赣南革命老区县(市)地质灾害调查 3.94×10^{4}km^2，查明地质灾害隐患点 11 339 处，赣州市地质灾害点发生密度平均达 20 处/100km^2，进一步筛选排查特大型险情地质灾害点 2 处。赣州市地质灾害发育规模以小型为主，其中以小型崩滑灾害为主，占总灾害点数量的 70.75%。查明地质灾害的发生在时间分布上与降水量具有相当的一致性，地质灾害分布主要受地形地貌、地层岩性、构造发育等因素的影响等规律。

提出了防灾避灾和灾害治理措施建议。成功避灾 324 起，避免人员伤亡 2 662 人，避免直接经济损失 864.3 万元。查明崇义县关田镇下关村柯树岭矿细湾河泥石流，威胁人口 1 500 人，威胁财产 3 000 万元；查明会昌县周田镇新圩村塌陷，威胁人口 6 162 人，威胁财产 8 344 万元。有针对性地提出防灾避灾和灾害治理方案，有效指导地方人民政府应急处置，避免了重大人员伤亡和财产损失。

加强了地质灾害区划调查与成灾机理研究。赣州18个县(市、区)都开展了地质灾害调查与区划,划分出易发区、较易发区(或次易发区)和少发区,进而提出重点防治区、次重点防治区和一般性防治区。地质灾害隐患点主要分布在偏远山区,群众居住分散,交通、通信条件差。经普查,目前赣州市尚存在地质灾害隐患点8 706处,潜在威胁人员8万多人,潜在经济损失近7亿元。

建立完善了地质灾害预警系统。2006—2014年,在省部相关单位的大力支持下,赣州在江西省率先完成了山洪地质灾害预警系统建设。全市共建遥测雨量监测站870个、自动水位站(包括河道水库)458个,乡村末端预警系统广播主站801个,分站5 646个,铜锣15 865面,手摇警报器2 209个,为实时监测水雨情、及时发布山洪地质灾害提供预警信息;2012—2015年,成功预报74起地质灾害,使1 140人免遭厄运,避免直接经济损失195万元,有效地保护了人民群众的生命财产安全,在避免人员伤亡方面发挥了重大作用。

赣南革命老区岩溶地质图

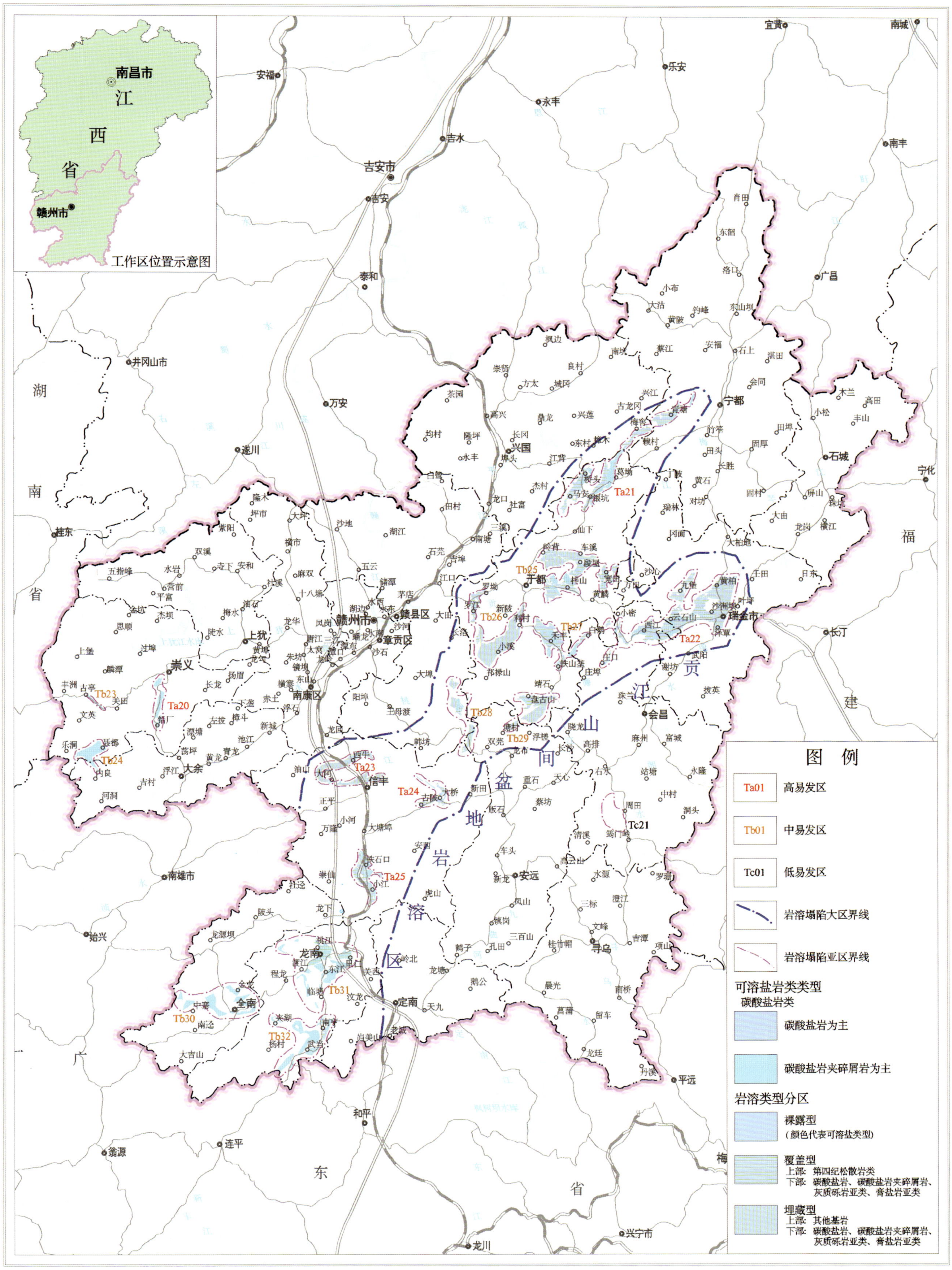

10 5 0　10　20　30　40km

数据来源：江西省地质灾害应急中心提供

赣南革命老区地质灾害易发程度分布图

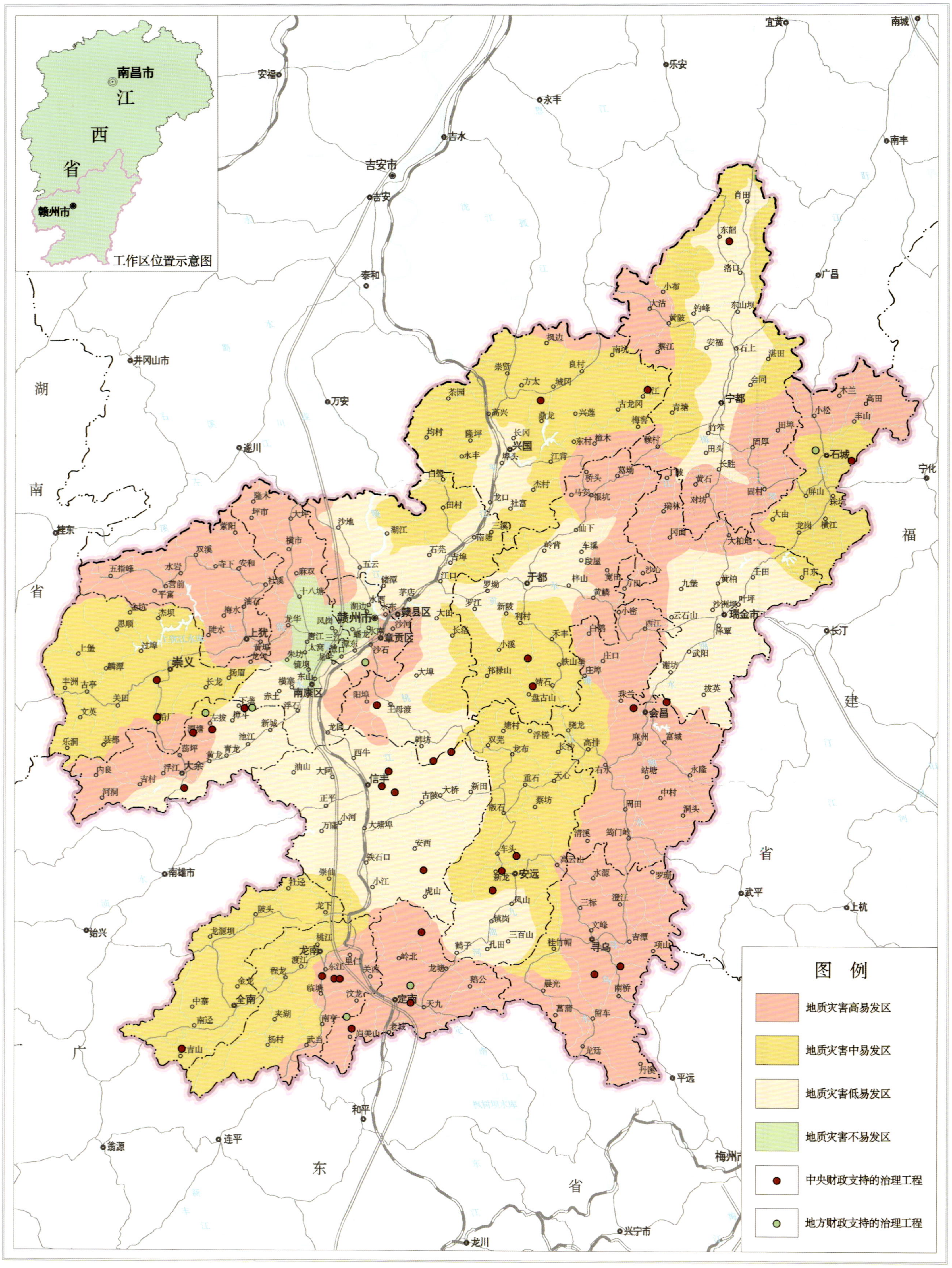

10 5 0 10 20 30 40km

数据来源：江西省地质灾害应急中心提供

赣南革命老区地质灾害调查工作程度图

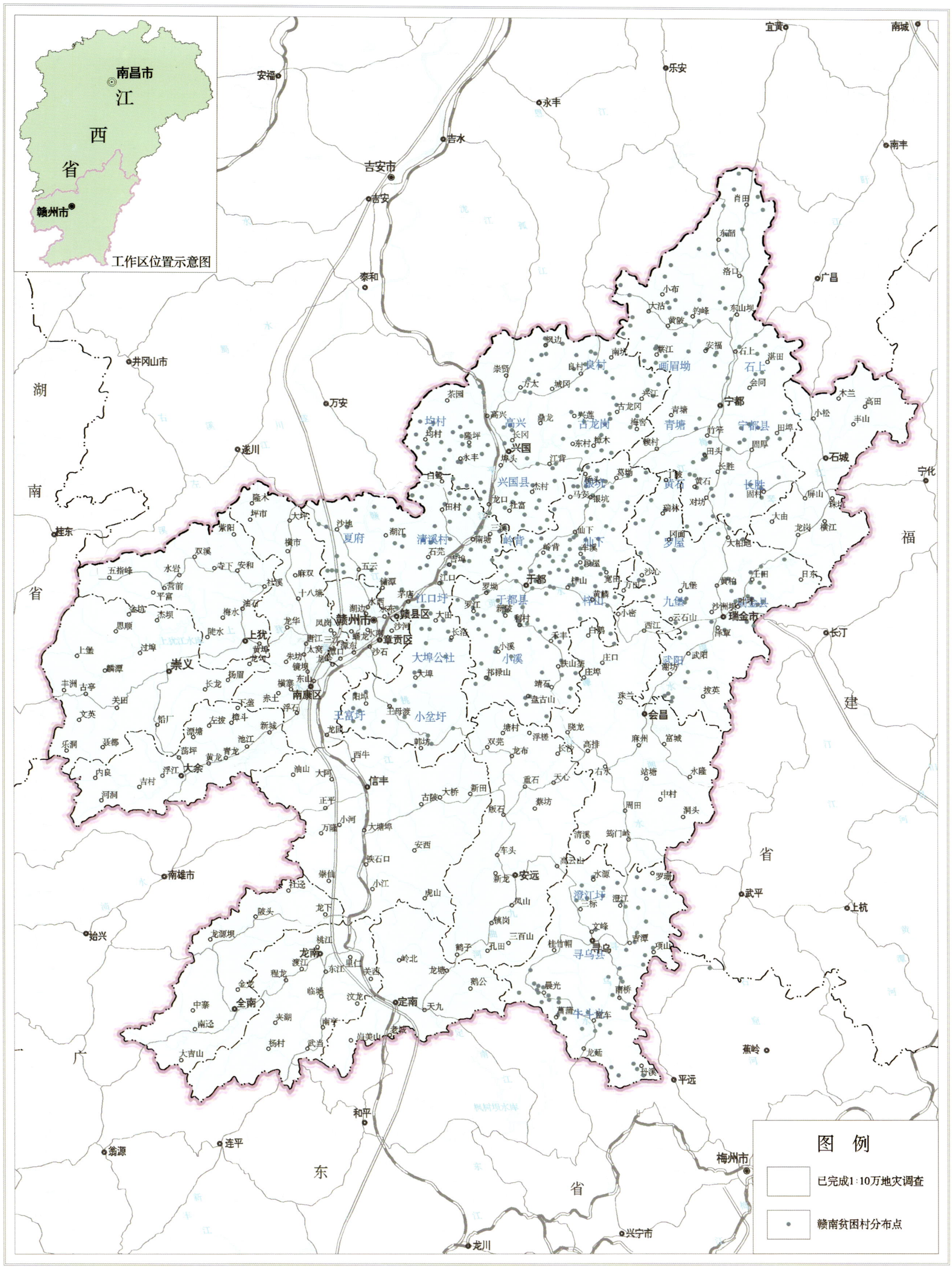

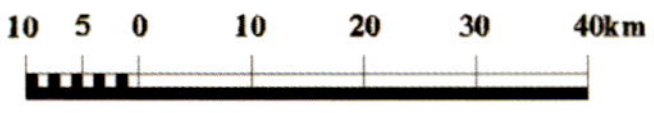

数据来源：中国地质调查局南京地质调查中心提供

第十章

矿山地质环境调查
强力支撑绿色矿业发展

开展赣州七县矿山地质环境调查、放射性地质环境调查，有效评估区域地质环境放射性安全，开展地质环境综合整治试验、矿山地质环境调查，支撑100多个废弃矿区恢复治理，使“不毛地”披上了“绿衣裳”，为赣州绿色矿业发展提供技术服务，为经济社会可持续发展做出贡献。

矿山地质环境问题基本清楚。赣县、兴国、于都、宁都、寻乌属赣南革命老区扶贫区矿业大县，基于各类矿产长期开采造成矿山地质环境问题，开展矿山地质环境调查工作，查清当地影响矿产资源开发造成的地质环境问题是关键，对此，调查中采取对矿山地质环境问题类型、分布及危害，进行了量化评估，提出矿山地质环境防治措施及存在的问题，明确了矿山复绿行动，推进废弃矿山的恢复治理，为后续实施矿产资源开发可持续利用规划、现有矿山地质环境监管提供了地质依据。

A. 瓷土矿开采造成泥石流隐患
B. 稀土矿尾矿库造成土壤污染
C. 大理石岩矿开采造成地表景观破坏
D. 铅锌矿尾矿造成土地压占破坏
E. 稀土矿开采造成水土流失

未发现对人体有放射性危害的区域。目前开展了赣县、兴国县放射性地质环境调查评价，确定了赣县区域γ吸收剂量率背景值(赣南革命老区为江西省高水平地区之一)。经测算，赣县区域公众所受天然本底照射(天然辐射总计)每年按8 760h计算为1.83mSv，小于国家规定的背景剂量每人每年2.4mSv标准；确定了赣县区域水中放射性核素U、^{226}Ra、总α、总β的背景值，符合《生活饮用水卫生标准》(GB 5749—2006)的标准；赣县区、兴国县尚未发现对人体有放射性危害的区域，为适宜人类居住的地区。

开展地质环境综合整治示范。以扶贫区寻乌县矿山集中分布环境影响区为重点，开展1:5万矿山地质环境调查，查清环境影响区的地质环境问题，分析采矿活动影响下的区域地质环境效应。针对典型废弃稀土矿山，开展地质环境综合整治试验、示范，探索废弃稀土矿山地质环境综合整治关键技术方法，构建废弃稀土矿山地质环境综合整治模式，形成一套废弃稀土矿山的综合整治模式，达到推广应用效果，为20km^{2}废弃稀土矿区地质环境综合整治提供数据支撑，对赣南革命老区地质环境综合整治起到了重要的示范意义。

废弃矿区环境恢复治理出成效。矿山地质环境调查支撑赣州革命老区100多个废弃矿区恢复治理，治理面积达21.95km^2，龙南足洞矿区的“固坡复绿”“固沙复绿”试验已获成功，定南坳背塘矿区建立了600亩竹柳育苗基地。在肥力相对充足的矿区周边鼓励农民开垦，栽种果树，昔日的“不毛地”变成了果树成林之地，成为农民增收致富的“花果山”。

赣南革命老区矿山地面塌陷图

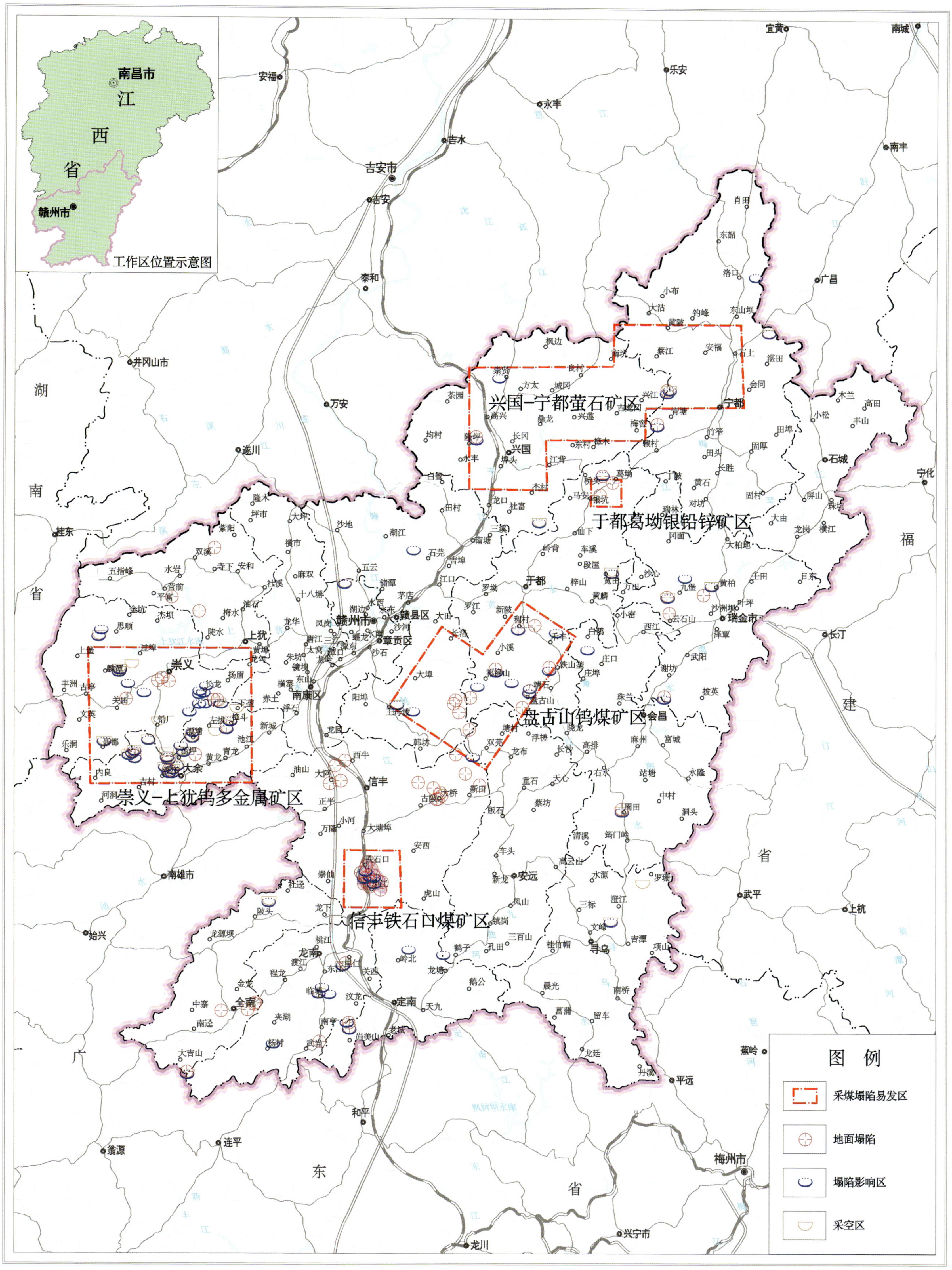

10 5 0 10 20 30 40km

数据来源：江西省地质灾害应急中心提供

赣南革命老区矿山地质环境保护与治理区划图

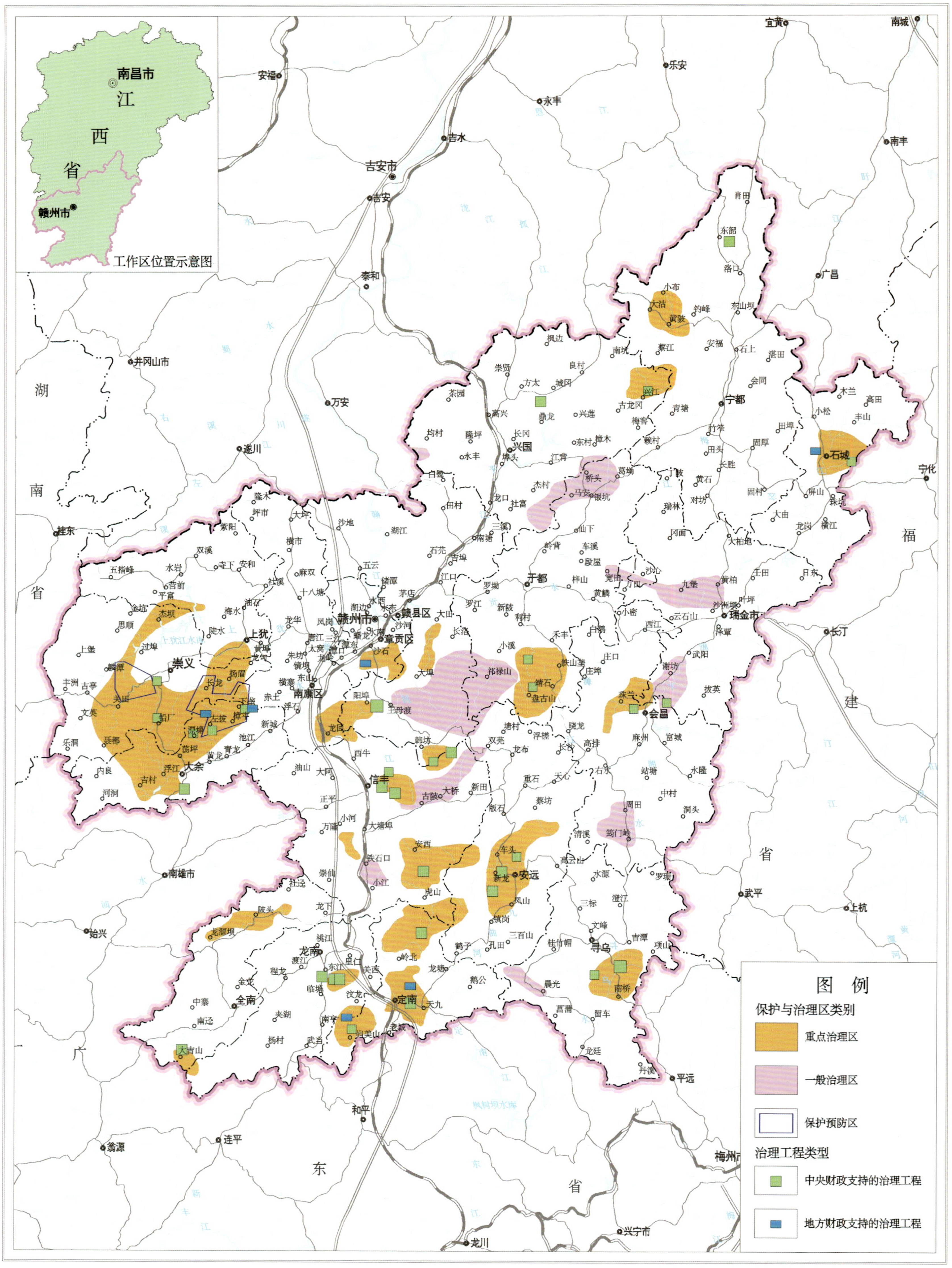

10 5 0 10 20 30 40km

数据来源：江西省地质灾害应急中心提供

赣南革命老区 1:5 万矿山环境地质调查工作程度图

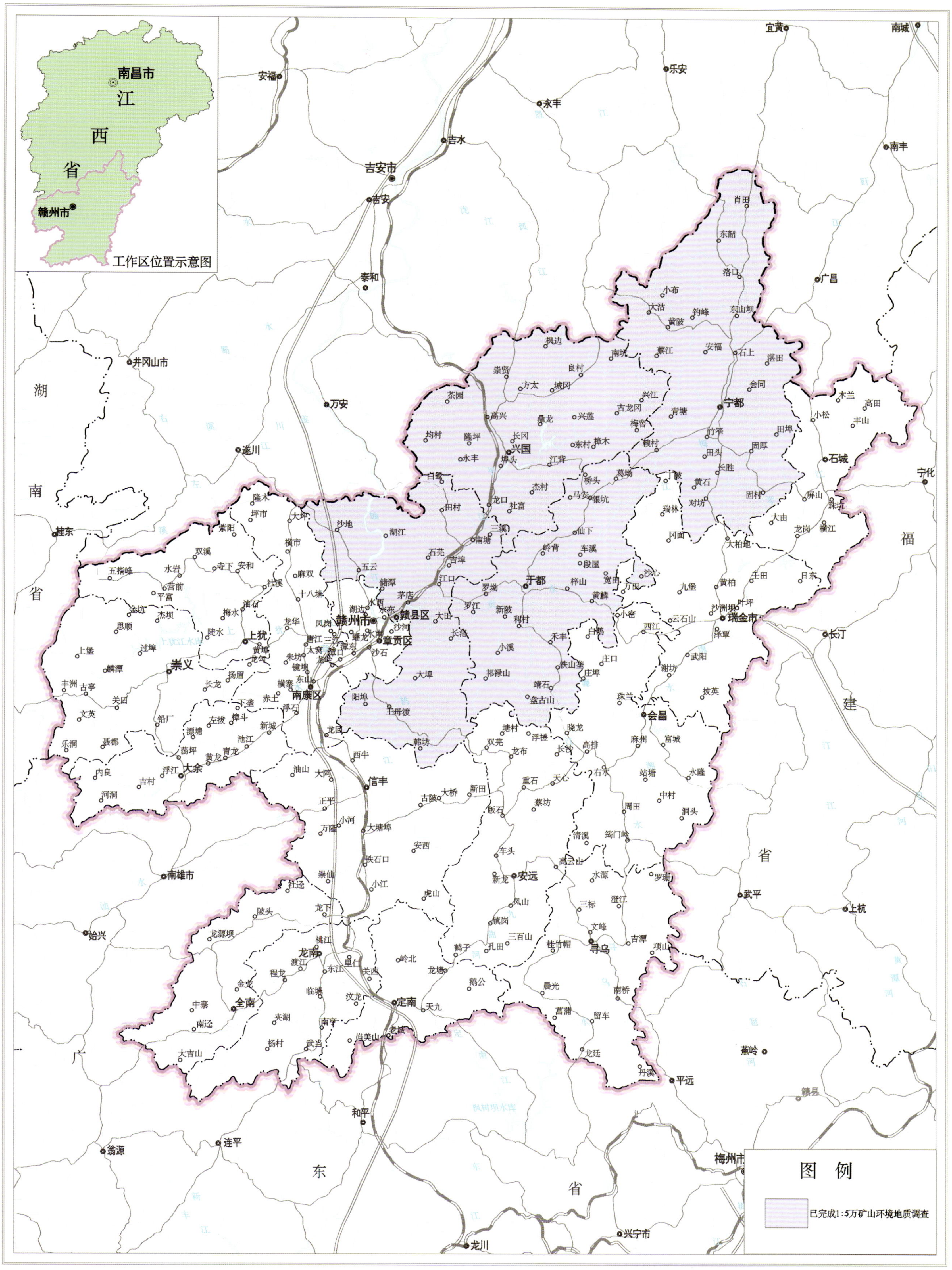

10 5 0 10 20 30 40km

数据来源：中国地质调查局南京地质调查中心提供

赣南革命老区1:5万放射性地质调查工作程度图

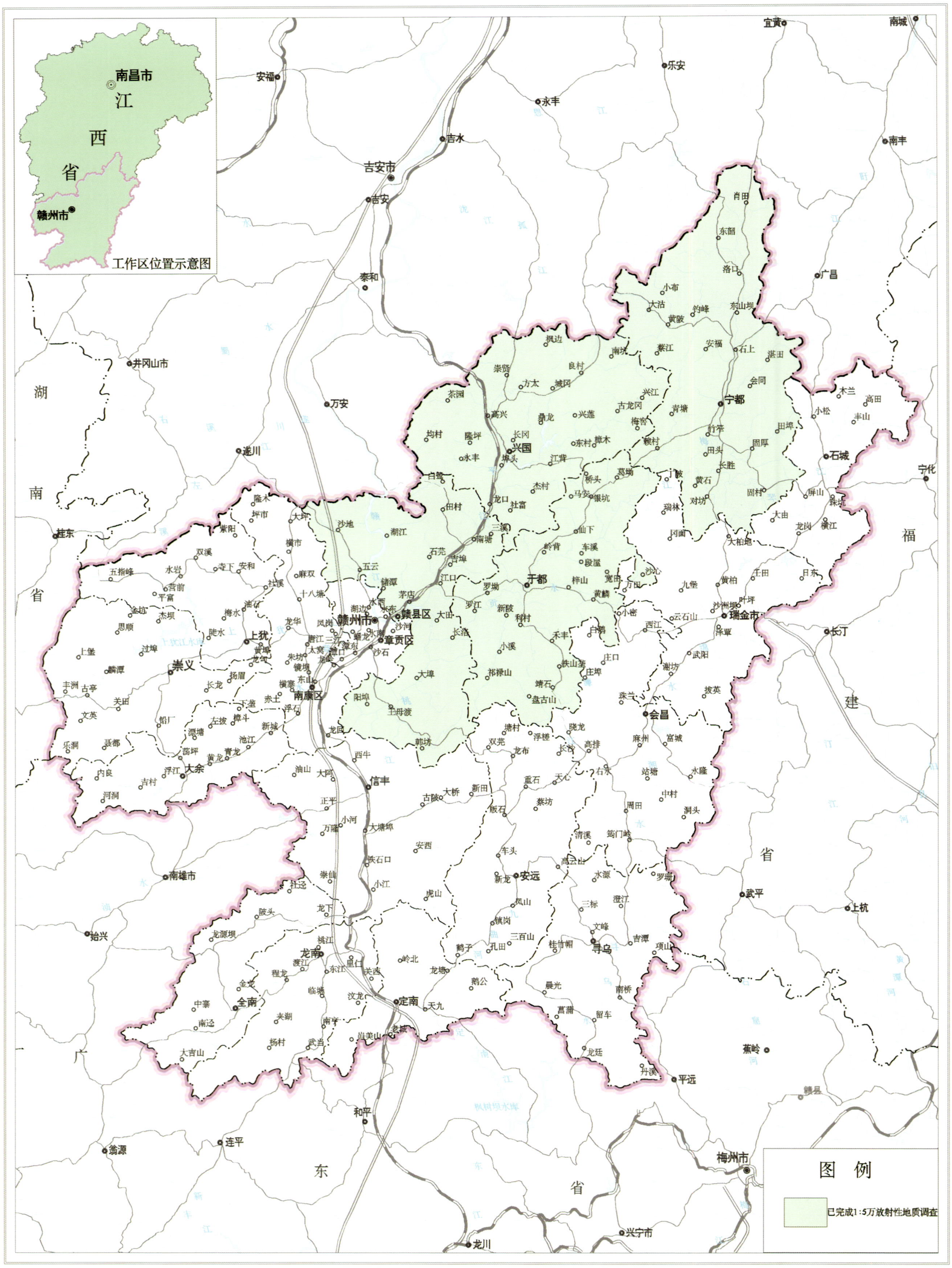

10 5 0 10 20 30 40km

数据来源：中国地质调查局南京地质调查中心提供

第十一章

科技创新助力
矿产资源开发区划和产业发展

科技创新助力矿产资源开发，资源综合利用技术研发可提高资源附加价值，提升资源保障程度，服务赣南革命老区矿业企业技改增收；创新地质找矿理论，支撑开展区域综合研究与提高深部探测技术，服务资源区划，为矿业可持续发展奠定坚实的基础。

赣南固废资源量巨大综合利用价值高。以赣南重要非金属矿、有色金属矿、稀有稀散金属矿、典型固废资源为对象，对其开发利用现状开展调查评价工作。赣南钨、稀土、萤石资源丰富，经长期开发产生的固废量资源巨大，且具有很高的综合利用价值。全市钨矿山废石累计存放量约 6 627.65×10^4t，尾矿量累计存放约 5 864.86×10^4t，部分尾矿汇总含有锂、铷等稀有稀散元素。稀土矿山尾矿 75 892×10^4t，氧化物(RE_2O_3)含量 0.027%～0.030%，部分矿山尾矿(砂)中高岭土及石英砂含量较高。萤石矿山废石累计存放量 39.79×10^4t，尾矿(砂)累计存放量 101.11×10^4t，尾矿(砂)含 CaF_2 7%～26%，开发和利用尾矿(砂)潜在经济效益巨大。

显著提高了矿产及固废综合利用水平。配合江西赣州矿产资源综合利用示范基地建设要求，进一步开展了钨、稀土、萤石等矿山综合利用适用技术提升和生产工艺流程改造示范。形成了于都铅锌多金属矿铅锌优化分离、兴国萤石尾矿柱式浮选工艺技术、赣南砂质高岭土除铁增白技术、宁都锂辉石矿高效分选 4 项综合利用技术。在江西润鹏矿业有限公司、兴国县中萤矿业有限公司建立资源综合利用示范基地，取得了显著的经济效益与社会效益。

资源综合利用示范基地

工程改造与现场调试

科技创新助力矿产资源开发。科技创新形成了一批区域花岗岩成矿研究、新类型稀土矿找矿以及南岭钨锡矿成矿模式等前缘研究成果，奠定了赣南在我国矿业发展中的“世界钨都、稀土王国”地位。赣南钨锡稀土资源综合评价与区划，对赣南钨、锡、稀土资源进行了成矿区划，提出了资源勘查与开发重大工程区划以及相应的保障措施。深部探测技术与实验研究在于都-赣县矿集区开展立体探测工作，在银坑施工的科学钻探NLSD-1完成总进尺2 967.83m，全孔共揭露各类矿（化）132层，浅部发现以金银铅锌矿（化）为主的中低温热液矿（化）组合，深部出现钨铋中高温矿（化）信息。盘古山科学钻探验证孔终孔深度2 006.12m，发现了隐伏的厚大钨多金属矿体，验证了其深部探测的异常和“五层楼+地下室”找矿模型。

资源综合利用在精准扶贫出实效。资源综合利用为企业带来巨大的经济、空间、环境、能源效益，是实实在在的精准扶贫，年增加产值近3 000万元以上，保障1 000名贫困群众的脱贫。于都县润鹏铅锌矿提升生产工艺，实现铅回收率提高6.72%、铅精矿品位提高7.6%、锌损失率降低2.15%、铅精矿中银回收率提高10.83%的工业生产指标。兴国县中萤矿业有限公司萤石尾矿开展了浮选柱半工业试验研究，结果表明：采用“一段

粗磨+浮选柱一粗两精”工艺，可以获得 CaF_2 含量 88.53%的萤石精矿，精矿回收率达 73.24%，每年可多增加萤石精矿产量 4 567t。宁都河源锂辉石原矿含 Li_2O 0.73%，属低品位难选矿石，开展矿—磨矿—直接浮选—粗精矿二次抛尾的全浮选工艺流程进行闭路试验，可获得精矿品位 4.12%、回收率 80.76%的试验指标，比企业原生产回收率指标高 10%，为生产企业带来可观的经济效益。风里背高岭土属于花岗岩风化残积型矿床，原矿中含铁量较高，难以提升产品品质，影响了该矿的开采价值。采用超导磁选机试验，得到精矿产率 57.42%，Fe_2O_3 品位为 0.52%，白度(1 200℃)为 92.3 的产品，高岭土价格由现在的 240 元/t 左右提高到 1 000 元/t 以上。

第三篇

模式样板及经验启示

第十二章

脱贫攻坚的
“地质调查+”模式与“赣南样板”

围绕特色农业发展、饮水安全、矿产开发、资源节约、绿色矿业、能源开发、特色旅游等需求，开展土地质量地球化学调查、水文地质调查、矿产地质调查、资源综合利用调查、地质环境调查和地质遗迹调查等工作，取得了显著的扶贫成绩，形成了“地质调查+农业”“地质调查+产业”“地质调查+供水”“地质调查+矿业”“地质调查+企业”“地质调查+生态”“地质调查+旅游”等特色的“地质调查+”脱贫攻坚工作模式。通过实施生态农业产业化、安全用水入户、资源勘查开发、资源综合利用、绿色矿山建设、能源资源开发、地质公园建设等示范工程，真正服务当地人民群众脱贫解困，建立了地质调查服务脱贫攻坚的“赣南样板”。

一、脱贫攻坚的“地质调查 +”模式

自然资源部中国地质调查局围绕贫困地区脱贫攻坚迫切需要解决的资源、环境问题开展地质调查与研究，实现贫困地区资源优势转化为经济优势，科技创新引领地质调查工作，助力脱贫攻坚快速见效。地质调查带动与推动矿业开发、地球化学调查助力发展农业产业基地、地质遗迹调查带动旅游产业发展等，地质行业在定点扶贫中逐步形成了“地质调查+”模式，包含7个“地质调查+”工作模型。

土地质量地球化学调查，服务农业产业化

土地质量地球化学调查成果对促进土地资源高效利用、提升已有农业基地的品质、发展特色农业等具有很大作用，形成了“地质调查+农业”的工作模型。

水文地质调查，保障农村用水安全

水文地质与环境地质调查实施探采结合井，保障贫困区安全饮水，建设饮水示范工程，服务民生，开展矿泉水、地热水调查，谋划地方水产业发展，开启了绿色扶贫模式，形成了“地质调查+供水”的工作模型。

地质矿产调查，助力深部找矿突破

通过40年积累形成的“地质调查+矿业”的工作模型，为赣南革命老区的矿产资源产业发展起到了重要作用。

资源综合利用调查评价，提升企业经济效益

通过矿产资源综合利用为赣南革命老区“主攻工业、三年翻番”的战略实施提供了精准和技术支持，形成的“地质调查+企业”工作模型在全区广泛推广。

地质灾害调查与风险评价，支撑民生与大众安全

地质灾害调查与风险评价工作有针对性地提出防灾避灾和灾害治理方案，有效指导地方人民政府应急处置方案，保证了人民生命与财产安全，形成了“地质调查+防灾”工作模型。

地质环境调查，服务赣南革命老区生态文明建设

形成的“地质调查+生态”工作模型在赣南革命老区成为地质行业新的工作名片，进一步为保持绿水青山、建设美丽赣南做出贡献。

地质遗迹调查，推动地方特色旅游产业发展

提出地质遗迹资源保护与科学利用建议，推动地方地质遗迹保护和科学研究，形成“地质遗迹+旅游“的工作模型，有效地推动了赣州地区旅游产业的快速发展。

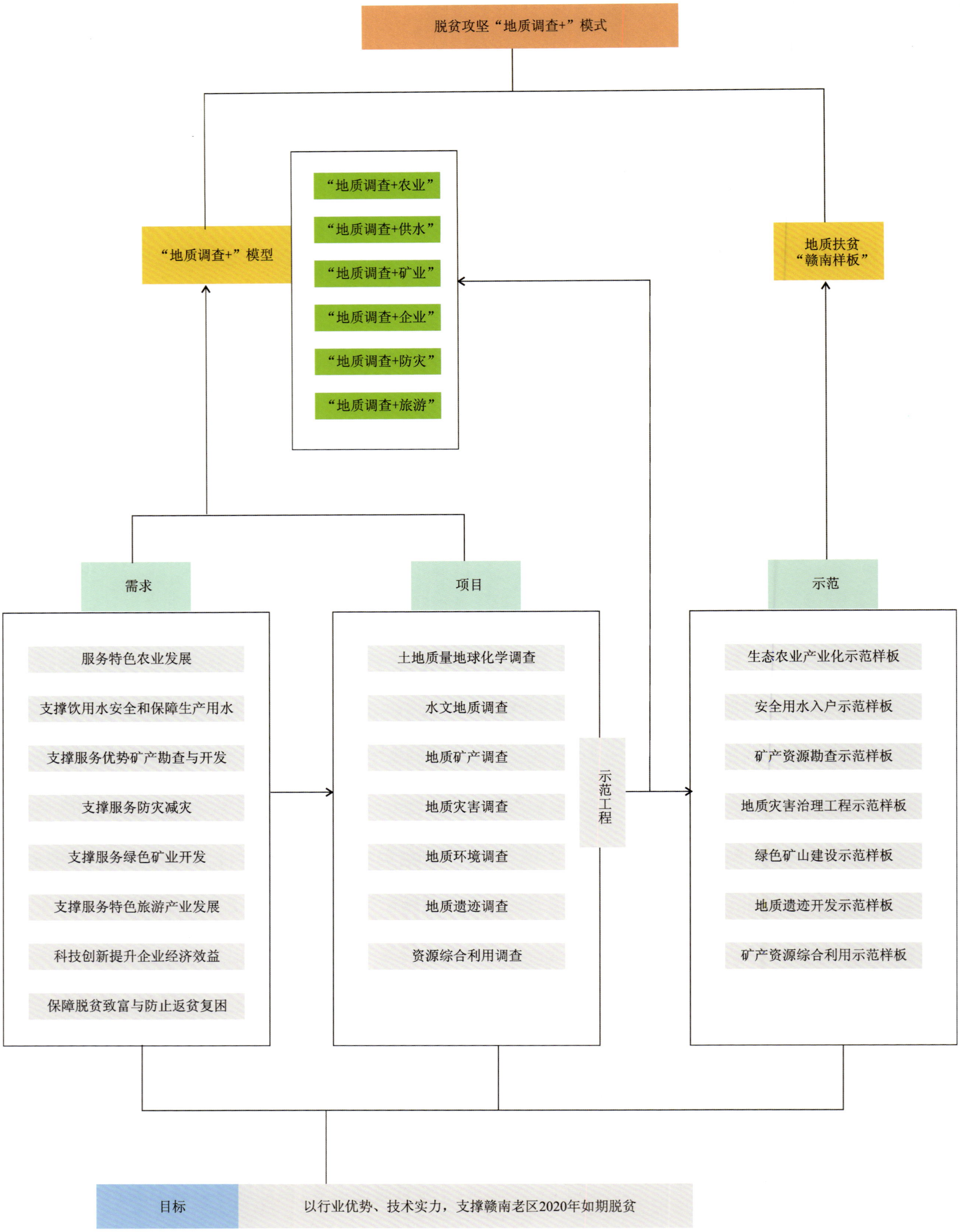

脱贫攻坚“地质调查+”模式
“地质调查+”模型
“地质调查+农业”
“地质调查+供水”
“地质调查+矿业”
“地质调查+企业”
“地质调查+防灾”
“地质调查+旅游”
地质扶贫
“赣南样板”
需求
服务特色农业发展
支撑饮用水安全和保障生产用水
支撑服务优势矿产勘查与开发
支撑服务防灾减灾
支撑服务绿色矿业开发
支撑服务特色旅游产业发展
科技创新提升企业经济效益
保障脱贫致富与防止返贫复困
项目
土地质量地球化学调查
水文地质调查
地质矿产调查
地质灾害调查
地质环境调查
地质遗迹调查
资源综合利用调查
示范工程
示范
生态农业产业化示范样板
安全用水入户示范样板
矿产资源勘查示范样板
地质灾害治理工程示范样板
绿色矿山建设示范样板
地质遗迹开发示范样板
矿产资源综合利用示范样板
目标
以行业优势、技术实力，支撑赣南老区2020年如期脱贫

二、地质扶贫的“赣南样板”

“赣南样板”示范工程，每一项都包含 2~5 种形式的工作(服务)内容，它既是“赣南样板”示范工程的组成部分，也是“地质调查 +”工作模型的成果体现，更是地质行业支撑服务脱贫攻坚的精准成效。

生态农业产业化示范

土地质量地球化学调查成果直接面向农用地的质量提升与土地改良，向地方政府提出农业经济区划和特色农业种植结构调整方向与建议，全力支撑赣南革命老区特色农业产业发展。

中国地质调查局南京地质调查中心组织实施，水文地质环境地质调查中心、岩溶地质研究所、国家地质实验测试中心共同参与，联合江西省地质调查研究院、江西省物化探大队、江西煤田地质调查院共同参与推进。

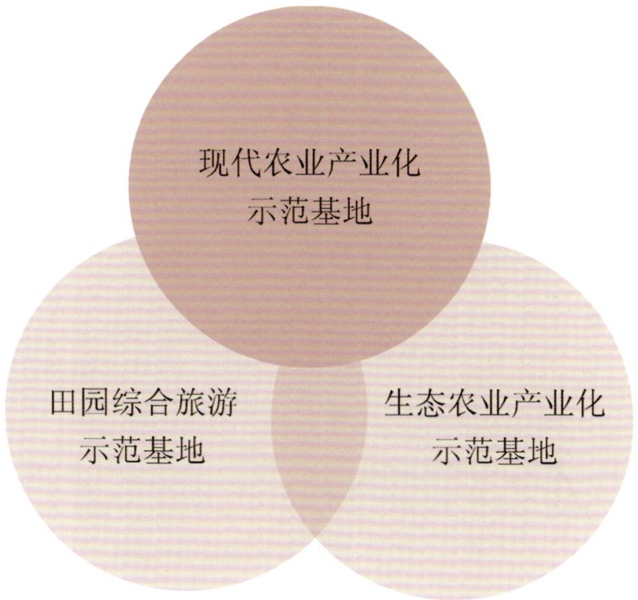

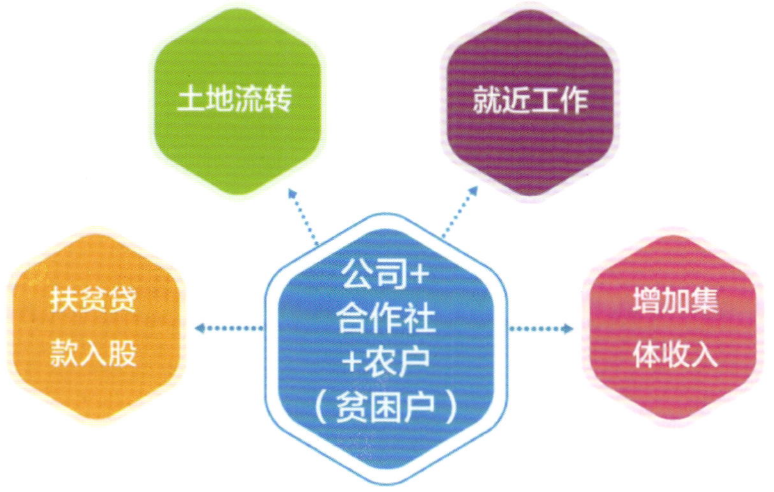

在寻乌澄江、瑞金谢坊、兴国高兴、兴国茶园、兴国龙口、于都罗坳、赣县沙地、崇义上堡、信丰油山和宁都青塘等 10 个地区，发现集中连片无公害富硒区土地 48 片，指导建设了一批(于都县梓山、于都禾丰、兴国高多、赣县清溪地区)农业示范基地，大幅提升了一批已有农业基地(兴国春赐福茶叶、兴国九山生姜、赣县吉埠杨梅、崇义上堡)的产品质量和生产价值。

1. 于都梓山万亩富硒蔬菜产业园

当地县、镇政府根据中国地质调查局南京地质调查中心提交的第一批 1:5 万土地质量调查成果提出的基地建设建议，结合梓山镇的实际情况及区位优势，围绕 9 个村(其中贫困村 3 个)规划建设了 1 万亩以足硒、富硒绿色蔬菜基地为主要内容的现代农业蔬菜科技产业园。

产业园航拍图

脱贫方式：基地占地 1 万亩，涵盖 3 万人口，辐射 7 万人口，带动梓山镇全镇尚未脱贫的 1 135 户建档立卡贫困户 3 966 名贫困人口脱贫致富。土地流转租金，按照稻谷 250kg/a 进行实物折价。提供就业岗位 2 000 余个，平均可达 70 元/d(8h)。每年可提供时鲜蔬菜 5×10^4t。政府牵头吸收贫困户贷款，贫困户可固定领取产业分红。免费提供100亩大棚给当地贫困户种植，提供技术培训、种苗供应、产品销售全套支持。激发群众就近就业创业，带动服务行业的发展，每年预计吸引50万以上人次休闲观光，年旅游收入可达3 000万元以上。门票收入(现门票价20元/人)划出部分用于集体收入，支持精准扶贫。

博览园外景

基地现代化无土栽培大棚

基地亲子农事休闲区

2. 兴国县高兴镇高多村田园综合旅游示范基地

高多村地处兴国县西北部，风景优美、"红、古、绿"资源丰富，基础设施完善。2016年以来，政府投资1亿余元，修复了"高多十二景"，修建了湿地公园木栈道、国学文化馆、客家文化展览馆与"心田夜战"等红色文化纪念馆。

基于农业基地建设的迫切需求，在兴国县人民政府的协调下，中国地质调查局水文地质环境地质调查中心、岩溶地质研究所、中国地质环境监测院以及江西省地质调查研究院、江西有色地质勘查二队等单位，共同开展了水文地质调查、土地质量地球化学调查、地质遗迹调查评价等地质工作，为高兴镇高多村现代农业观光采摘、红色景点、丹霞地貌、古迹遗址等田园综合旅游示范提供了强有力的技术支撑。

兴国县高多3 000亩绿色农业基地

——实施4口灌溉水井，满足农业基地灌溉用水需求。

——查明土地质量现状，提出现代农业产业化发展建议。

——评价丹霞地貌资源，为旅游与乡村资源综合开发提供依据。

未解决灌溉水问题之前的高多蔬菜基地

水源问题解决后基地快速发展

3. 九山生姜生态农业产业化示范基地

九山生姜是江西名特蔬菜之一，素有“甜香辛辣九山姜，赛过远近十八乡，嫩如冬笋甜似藕，一家炒菜满村香”之美传。

中国地质调查局南京地质调查中心开展的土地质量地球化学调查结果显示，九山生姜具有典型的富硒、富锌特征，重金属不超标，大大提升了九山生姜的产品价值。

九山生姜种植基地的建立，带动了九山村 1 700 多村民就业增收，其中有 28 户贫困户，平均每户增收近 2 000 元。下一步可在兴国九山-于都龙溪地区大力发展生姜种植，打造富硒富锌高端产品，提高产品价值，带动地方脱贫。

安全用水入户示范

中国地质调查局坚持把保障与改善民生作为扶贫工作的根本出发点和落脚点，已实施探采结合井90口，合计涌水量每天超过20 000余吨，直接解决3万余人饮用水困难，满足20万人饮用水需求。建设4处安全用水入户示范工程；发现179处优质矿泉水点；成功实施6口矿泉水勘查井，为赣县区、于都县、兴国县、宁都县提出发展"水产业"建议，保障地方经济发展。

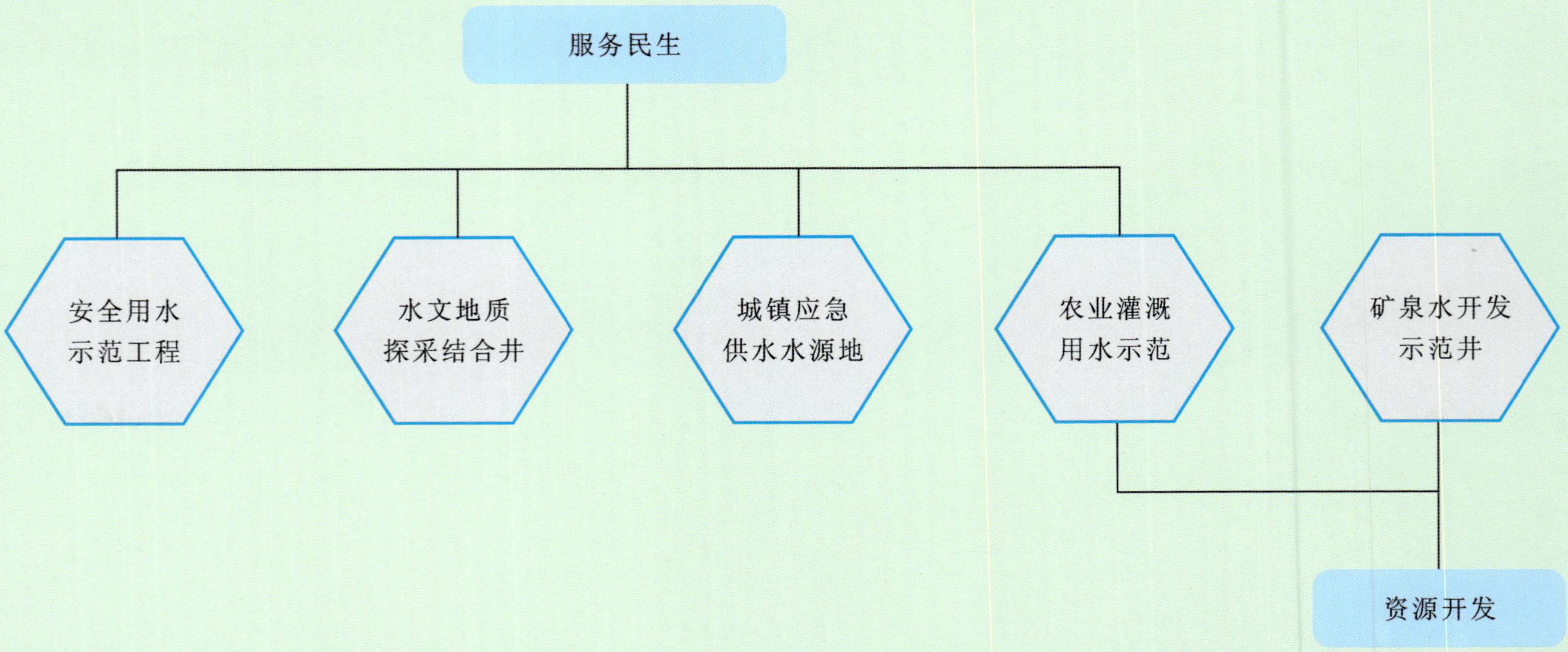

1. 赣县区夏潭村安全用水入户示范工程

建成的夏潭村饮水示范工程，成功实施2口探采结合井，水量达到400t/a，并开展安全用水入户示范工程建设，完成了水井、泵房、山顶蓄水池、6 000m管网等配套设施的建设，满足了夏潭村320户近1 300名村民的生活用水需求，解决了村民长期以来想解决而没有能力解决的民生难题。

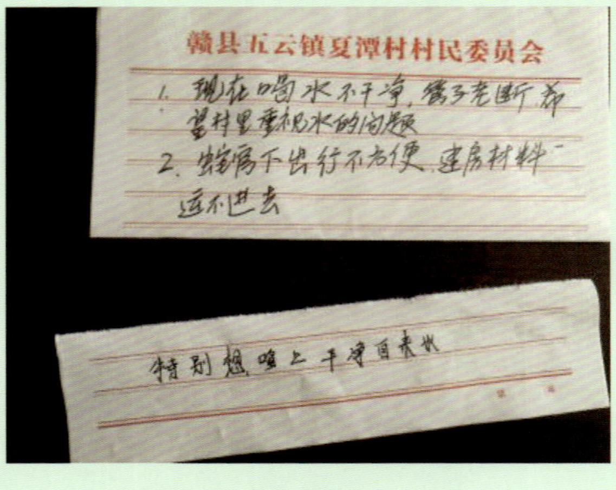

村民对饮水问题的反映强烈

饮水工程建成前当地饮水状况

井及泵房各 2 座

高位蓄水池 1 座

管网 20 000m

入户 260 户

饮水示范工程惠及民生

2. 兴国县西霞村安全供水示范工程

建成的西霞供水示范工程，在5口探采结合井的基础上，选择1口井建设配备了取水设备、净水设备、自动化控制室、蓄水设备和配水设备，水量超过2 000t/a，直接为石坳子、汤屋1 200余人送上优质饮用水，解决了2 000多亩耕地灌溉用水。通过预留的输水口，还可辐射解决附近3个行政村约8 000人的饮用水问题。

矿产资源勘查开发示范

矿产地质调查摸清了赣州市的矿产资源“家底”，夯实了赣州市的工业产业基础，支撑当地矿山企业持续生产，实现了贫困人口与贫困户“一人就业、全家脱贫”的矿业扶贫模式，有力地支撑了现今矿业形势低迷下的矿业企业生存和当地就业。

近年的矿产地质调查工作，中国地质调查局南京地质调查中心、发展研究中心、地质科学院矿产资源所、中化地质矿山总局、江西省地质调查研究院共同实施基础性地质调查工作，进一步提高工作程度和工作精度。江西省地质勘查基金管理中心组织江西省地质矿产勘查开发局赣南地质调查大队、江西有色地质勘查二队和江西省核工业地质局二六四大队等单位在矿产检查与查证的基础上，开展预查或普查工作，形成成果后引导商业跟进。形成示范成果如下。

勘查工作靶区：寨脑–坳下、石城小松。

大中型前景的资源基地：宁都县杨家车稀土矿、宁都县固村稀土矿、宁都县新屋底稀土矿、宁都县谷寨锂辉石、石城县大畲锡矿、瑞金市山坑陶土(紫砂)矿、寻乌县河背高岭土矿、宁都县百坑瓷石(瓷土)矿普查。

金属和非金属矿产地：宁都县下排高岭土矿、南康区朱坳岭高岭土矿、于都县老屋下高岭土矿、赣县上碗棚高岭土矿、会昌县右水高岭土矿，寻乌县江贝稀土矿、寻乌县丘坊稀土矿、宁都县车盘坑铀矿、全南县蛇岭铀矿、会昌县炉形岽铀矿、宁都县陶朱坑铀矿。

获得一批矿产资源储量：瑞金石下、于都县红旗排滑石。

1. 整装勘查：会昌岩背–寻乌铜坑嶂地区锡–铜矿

江西会昌岩背–寻乌铜坑嶂锡多金属矿整装勘查区，是自然资源部设立的第四批整装勘查区。2017—2018 年，中国地质调查局发展研究中心部署了“江西会昌岩背–寻乌铜坑嶂锡多金属矿整装勘查区产调查与找矿预测”项目，投入钻探 6 399.69m、坑探 800m、槽探 8 340.08m^3、浅井 5 639.7m^3，构建了区域成矿模式及找矿预测地质模型，新发现矿(化)点 3 处，圈定找矿靶区 2 处，探获锡资源量 27 638t、铜资源量 38 950.2t、稀土资源量 62 553t，有望提交 2 处以上大中型矿床。

吸引了一批省级财政资金和社会资金投入到整装勘查中来，取得了明显的成效。引领地方财政资金投入 510 万元，拉动社会资金投入 1 855 万元。

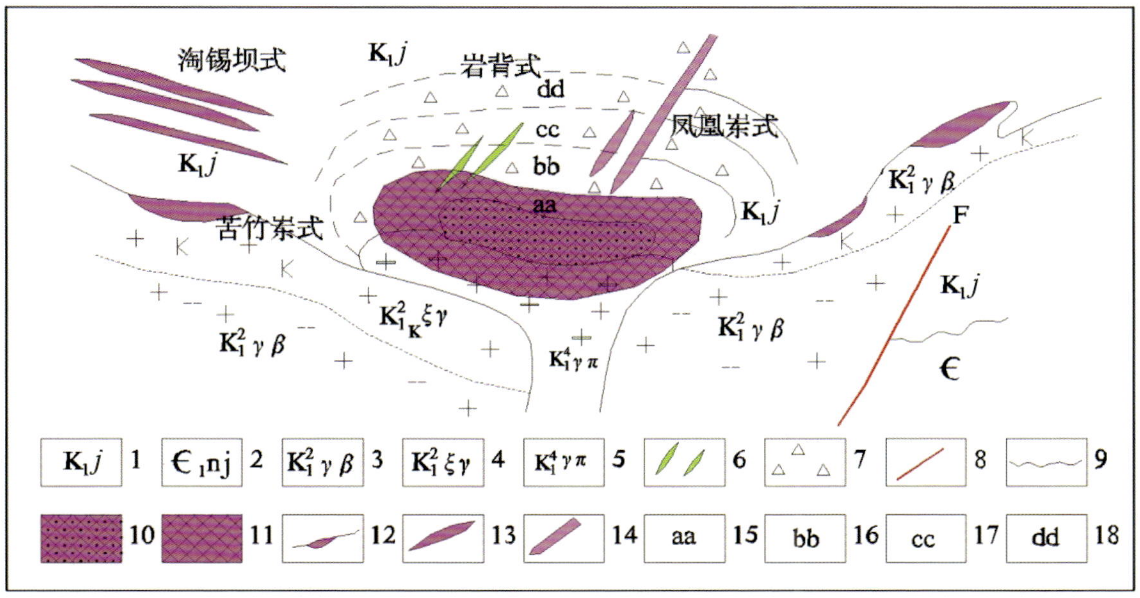

1.鸡笼嶂组火山岩；2.寒武纪浅变质岩；3.密坑山岩体黑云母花岗岩；4.密坑山岩体钾长花岗岩；5.岩背岩体花岗斑岩；6.中基性岩脉；7.隐爆角砾岩；8.断裂；9.不整合界线；10.浸染状锡矿体；11.细脉侵染状锡(铜)矿体；12.云英岩化锡矿体；13.似层状锡矿体；14.脉带状锡矿体；15.黄玉石英化带；16.绢云母化带；17.绢云母绿泥石化带；18.高岭土化碳酸盐化带

2. 大中型前景的资源基地：江西宁都河源–石城海罗岭锡、锂多金属矿

在元古宙地层中新发现一套南华纪赋存轻稀土的“双峰式”变火山岩组合。风化壳中稀土氧化物浸取量分析结果达到工业品位2倍左右，显示本层位是离子吸附型稀土矿成矿矿源层。通过少量取样工程与地质路线，大致圈定含稀土风化壳面积约10km²，厚4～25m，SRE_2O_3平均品位0.055%，预测具有形成大型稀土矿远景。

3. 勘查工作靶区：石上靶区

由中化矿山总局提交的勘查工作靶区。石上靶区位于宁都县石上镇—湛田乡一带，呈狭长状沿北东向展布，区内萤石矿亦呈北东向分布，严格受区内北东向主断裂控制。

靶区成矿条件较好，外围地热钻孔在孔深485～497m处见到较好的萤石矿体，结合现有见矿工程综合研究推断其深部找矿潜力较大，有望提交1处大型萤石矿产地。

矿产资源综合利用示范

资源综合利用与尾矿资源回收研究工作取得进展，在于都县润鹏铅锌矿、兴国县中萤萤石矿建立了2处资源综合利用示范基地，同时在宁都县河源锂辉石、风里背高岭土开展综合利用研发，形成4项创新研发技术，取得了显著的经济效益与社会效益，直接为4家企业年增产值近3 000万元，促进赣南矿业的可持续发展。

资源综合利用工作，将为企业带来巨大的经济、空间、环境、能源效益，是实实在在的精准扶贫。

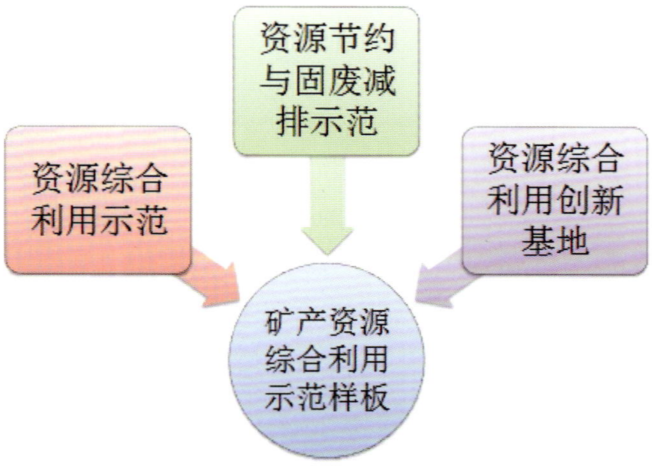

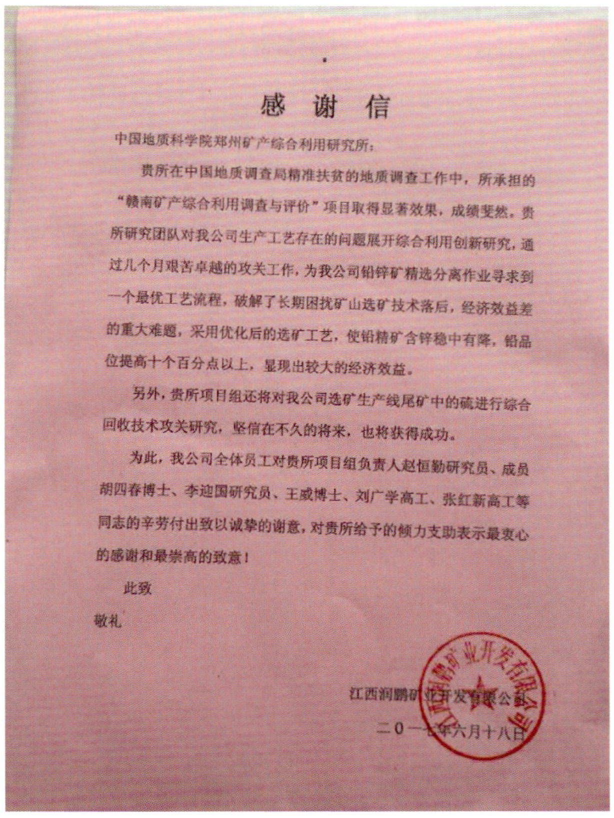
感 谢 信

中国地质科学院郑州矿产综合利用研究所：

贵所在中国地质调查局精准扶贫的地质调查工作中，所承担的“赣南矿产综合利用调查与评价”项目取得显著效果，成绩斐然。贵所研究团队对我公司生产工艺存在的问题展开综合利用创新研究，通过几个月艰苦卓越的攻关工作，为我公司铅锌矿精选分离作业寻求到一个最优工艺流程，破解了长期困扰矿山选矿技术落后，经济效益差的重大难题，采用优化后的选矿工艺，使铅精矿含锌稳中有降，铅品位提高十个百分点以上，显现出较大的经济效益。

另外，贵所项目组还将对我公司选矿生产线尾矿中的硫进行综合回收技术攻关研究，坚信在不久的将来，也将获得成功。

为此，我公司全体员工对贵所项目组负责人赵恒勤研究员、成员胡四春博士、李迎国研究员、王威博士、刘广学高工、张红新高工等同志的辛劳付出致以诚挚的谢意，对贵所给予的倾力支助表示最衷心的感谢和最崇高的致意！

此致

敬礼

江西润鹏矿业开发有限公司

二0一七年六月十八日

1. 于都县润鹏铅锌矿资源综合利用技术创新示范工程

江西润鹏矿业有限公司的于都县银坑矿田是赣州地区重要的铅锌矿产地，存在着铅精矿中锌含量过高，铅、金银等回收率较低等影响企业经济效益的问题。

针对企业现存问题研发新药剂制度和工艺流程，中国地质调查局郑州矿产综合利用研究所筛选出铜铅高效促分剂P5100和乙硫氮配合协调使用，实现铅回收率提高6.72%、铅精矿品位提高7.6%（高者超过10个）、锌损失率降低2.15%、铅精矿中银回收率提高10.83%的工业生产指标，直接为企业每年增加收益523万元。

流程改造与现场调试

2. 兴国县萤石尾矿综合利用技术创新基地

赣南地区现有萤石尾矿约 54×10⁴t，由于缺乏高效经济的综合利用技术，该尾矿库尾矿萤石至今未进行综合回收。2017年7月，中国地质调查局郑州矿产综合利用研究所与兴国县中萤矿业有限公司共建“赣南矿产综合利用调查评价项目萤石尾矿综合利用技术创新基地”，在兴国县中萤矿业有限公司挂牌，协助企业开展尾矿回收利用工作。

该套工艺采用“一段粗磨+浮选柱一粗两精”技术，在入料 CaF_2 含量17.84%时，可以获得产率14.75%、CaF_2 含量88.53%的萤石精矿，精矿回收率达到73.24%。按照工业生产规模 5×10^4t/a、生产成本600元/t计算，每年可从尾矿中回收的经济效益约为115万元，为赣南革命老区萤石尾矿综合回收利用、增加矿山企业经济效益、减少尾矿堆放量和环境污染提供了较好的技术支撑。

综合利用技术创新基地

绿色矿山建设示范

矿山地质环境调查针对赣南革命老区的重要矿山，推动矿山边部找矿，延长矿山服务年限，改善矿山环境，保障绿色矿业发展，在赣南革命老区100多个废弃矿区恢复治理，建设绿色矿山示范基地。

近年，为贯彻落实“绿水青山就是金山银山”的生态文明建设思想，适应新时代建设资源节约型、环境友好型社会的总体要求，中国地质环境监测院、中国地质科学院岩溶研究所、江西省核工业地质局二六四大队等单位，通过矿山地质环境调查和区域放射性地质环境调查工作，有效评估区域地质环境放射性安全，并选择性地开展矿山地质环境综合整治试验。

赣县、兴国、于都、宁都、寻乌属赣南革命老区矿业大县，矿产长期开采造成各类矿山地质环境问题，开展矿山地质环境调查工作极为重要，尤其是当地影响矿产资源开发地质环境问题的主控因素，查清矿山地质环境问题类型、分布及危害，提出矿山地质环境防治措施及存在的问题，助力绿色矿山建设。

以扶贫区寻乌矿山集中区为重点，开展1:5万矿山地质环境调查，查清环境影响区的地质环境问题，分析采矿活动影响下的区域地质环境效应。

形成了一套废弃稀土矿山综合整治模式，达到了推广应用效果，为废弃稀土矿区地质环境综合整治提供了数据支撑，对赣南革命老区精准脱贫攻坚和生态文明建设具有重要的示范意义。

寻乌县荷树塘废弃稀土矿山综合整治示范工程

地形平整：依据地貌呈自然缓坡状或成阶梯状、条带状进行分区分片平整土地。

开沟截流：将平整好的地块分成3.0～4.5m宽的块段，侧沟深0.75m，宽0.75m，两头沟口封闭，让雨水积蓄在沟内向下渗透，达到大雨不出沟、小雨不下山的效果。改变水循环方式，可进行土壤淋洗改良，有效减少水土流失，还有利于植被的生长。

挖坑淋洗：根据矿区酸性土壤的特点，对分割好的地块进行挖坑打塘（深0.75m，直径1.0m），然后用石灰水（生石灰0.5kg/塘）漫灌淋洗。调高 pH 值，又降低 NH^{4+}、SO_4^{2-}、NO^{3-}。

客土回填：在土壤资源极缺的前提条件下，就近取黏土坑内回填，回填厚度不小于 0.5m，既改善土壤肥力及保水能力，还有利于木本经济作物的生长。

蓄水引灌：在有地下水渗出的下游修建蓄水池，经处理后的渗出水既可以进行植物灌溉，又可以进行土壤淋洗改良。

植被引种：根据矿区土壤特点，通过专家咨询，初选了一批"耐酸、耐旱、耐贫脊"的经济作物(杨梅、台湾青枣等)及花卉进行试种。

新能源开发示范

赣南革命老区地热与浅层地温能、油气等尚未形成产业优势，但新能源开发在部分地区产生了极大的扶贫效益，地下热水的勘查带动地质旅游经济的发展也有很好的条件。

圈定地热异常区 圈定了赣县韩坊，于都县黄麟乡公馆村，兴国县中莹矿业（萤石矿）矿井、杰村乡萤石矿矿井和埠头乡西霞村枫树下，宁都县小布镇等地热异常区。

建设新能源开发示范基地 建成了石城县通天寨、上温寮，宁都县沙窝、罗陂，瑞金市咸水村，全南县南迳，寻乌县上津、南桥，于都县黄麟盐湖脑，南康区南山，安远县新塘等新能源开发示范基地，为石城县申报国家地质公园和“中国温泉之乡”提供了资源保障，带动了当地旅游业的发展。

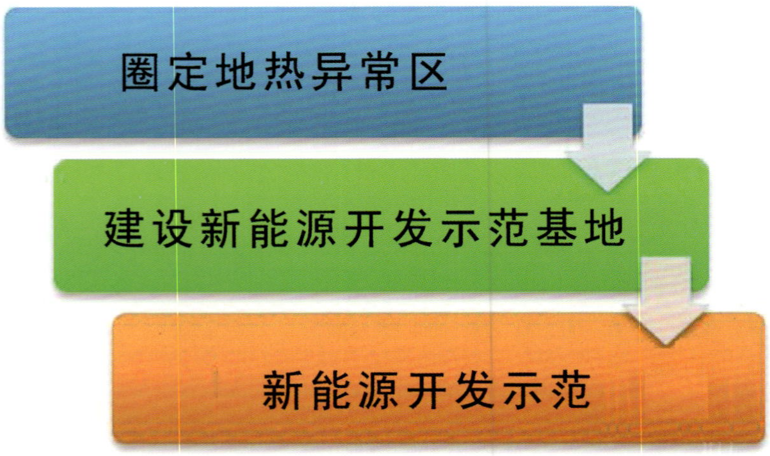

ZK22：201.9m，稳定涌水量 290m³/d，水温 31.4℃

宁都县小布镇地热–矿泉水综合示范工程

中国地质调查局水文地质环境地质调查中心，有效支撑小布全国特色旅游小镇申报国家AAAA级旅游景区。在小布全域实施了矿泉水普查工作，发现14处天然优质偏硅酸矿泉水点；同时实施了两眼优质理疗矿泉水井，涌水量合计3 050t/a，同时实现了地热盲区井口水温31.4℃的突破，圈定极富地热潜力靶区1处，深度支撑了小布培育旅游产品和经济作物多元化的产业发展。

ZK23：212.5m，稳定涌水量 2 760m³/d

地质遗迹开发示范

中国地质调查局中国地质环境监测院开展了大量的地质遗迹调查工作，摸清了赣南革命老区地质遗迹资源“家底”，支撑了恐龙之乡、地质公园等申报工作，激发了地方政府科学保护利用地质遗迹资源的积极性。为建设地质公园(石城县通天寨国家地质公园，上犹县五指峰地质公园、信丰县香山地质公园、兴国县丹霞地质公园，于都县盘古山矿山公园，“中国恐龙之乡”等)，助力地方“生态旅游、文化旅游”等特色旅游产业繁荣发展，拉动就业和社会需求，起到非常重要的推动作用。

兴国县丹霞地质公园建设示范工程

由自然资源部中国地调局直属单位中国地质环境监测院组织实施、江西省地质调查研究院承担的“华东地区地质遗迹调查(江西)”项目，在全省开展1:50万地质遗迹调查，新发现兴国县大量丹霞地貌地质遗迹景观资源。兴国县丹霞地质公园是以丹霞地貌为主体，兼有构造地貌的地质公园；是江西省内以青年期丹霞地貌为主体，幼年期、壮年期丹霞地貌都发育有1处典型地。公园丹霞地貌成因以水流冲刷侵蚀型、崩塌残余型、溶蚀风化型为主，兼有崩塌堆积型地貌。园内丹霞地貌形态类型共有石寨、赤壁丹崖、石柱、石峰、峰林、峰丛、嶂谷、岩槽、洞穴等10余种，均有典型景观代表。

兴国县丹霞地质公园成功申报省级地质公园，带动了地方政府科学保护利用地质遗迹资源的积极性。提出要求利用当地地质遗迹资源建设地质公园，发展旅游产业。由地方政府牵头启动了省级地质公园的创建工作，预期将产生巨大的社会效益并带动地方旅游产业经济的快速发展，开辟一条绿色扶贫之路。

冰心洞(竖状洞穴)

天井架(竖状洞穴)

宝石寨峰丛

第十三章

地质调查支撑服务
赣南革命老区脱贫经验启示

一、党的领导、持续发力是地质调查助力赣南革命老区脱贫攻坚的根本

1986年，党中央、国务院吹响了“向贫困宣战”的号角，地质矿产部率先响应号召，成为第一批参与定点扶贫的国家六部委之一。40年，历任部党组和部领导、局领导将赣南扶贫工作置于重要位置，接力扶贫，“赣南老区不脱贫，我们扶贫绝不脱钩”。

2012年，习近平总书记明确指出，消除贫困、改善民生、实现共同富裕是社会主义的本质要求，是我们党的重要使命。姜大明部长在定点扶贫会上强调，要用非常之策落实非常之举，把定点扶贫作为分内职责，扛在肩上、抓在手上，怀着对人民群众的真挚感情，扎实做好定点扶贫工作。中国地质调查局党组高度重视，钟自然局长明确指示，把脱贫攻坚作为一项政治任务，要瞄准精准脱贫的目标，在精准施策上出实招，在精准推进上下实功，在精准落实上见实效。李金发副局长带队深入县、乡、村精准对接地方需求，以精准聚焦实现精准发力，用实实在在的行动给赣南群众送上了看得见、摸得着的实惠，形成了地质调查支撑赣南革命老区扶贫开发工作的“赣南样本”。江西省各级党委高度重视，密切配合，全力推进各项工作的落实。40年来，带着对革命老区的深厚感情，一棒接一棒，接力扶贫，充分发挥地质调查专业优势，最大限度地激活贫困区资源优势，为赣南革命老区经济社会发展注入强大动力。

二、组织到位、机制顺畅是地质调查助力赣南革命老区脱贫攻坚的保障

为加强赣南扶贫工作的组织力量，1987年春，地质矿产部向赣南革命老区派驻了第一批扶贫工作团，开启了对口定点扶贫的征程。1993年，组建了中央国家机关第一家扶贫实体“扶贫开发中心”。中国地质调查局专门成立扶贫工作领导小组，组建了扶贫工作项目办，设立了扶贫工作联络专员，常年保持10个以上项目组100多个专业技术人员在赣南革命老区开展工作，为扶贫工作提供了有力的组织保证。

为将地质调查支撑服务赣南革命老区脱贫攻坚落到实处，自然资源部中国地质调查局与江西省自然资源厅、赣州市自然资源局建立了精准扶贫工作联系机制，中国地质调查局南京地质调查中心和赣州市矿产资源管理局联合成立协调联动办公室，形成了“需求对接常态化、成果转化及时化、效果回访定期化、扶贫目标责任化”。做到需求清晰、部署统一、分工明确、实施协同、服务高效，确保扶贫项目转化为切实脱贫效果，持续长期发挥作用，为共同推进赣南革命老区脱贫攻坚地质调查工作奠定了机制保障。

三、因地制宜、精准发力是地质调查助力赣南革命老区脱贫攻坚的基础

针对赣南革命老区土地资源和矿产资源未能有效利用，工程性、季节性水资源短缺，地质灾害频发，矿业开发引发的矿山地质环境问题严重等状况，中国地质调查局不断优化地质调查支撑脱贫攻坚部署，矿产地质调查将矿产资源优势转化为矿业经济优势，土地

质量地球化学调查大力提升红色土壤产业开发经济价值，地质遗迹调查打造特色旅游产业，水文地质调查解决饮水用水安全问题，地质灾害调查保障人民生命和财产安全，充分发挥地质调查专业优势、人才优势，因地制宜、对症施策。

以脱贫目标为导向，自然资源部中国地质调查局通过开展全方位、多角度、深层次需求调研，入村入户，摸清县、乡、村的具体脱贫需求，把脱贫需求转化为实实在在的地质调查工作，精准实施“订单式”地质调查项目，确保项目成果零距离转化应用，服务于脱贫攻坚和地方经济社会发展。

四、延伸服务、示范引领是地质调查助力赣南革命老区脱贫攻坚的关键

延伸服务深度，一是拓展工作宽度，在矿种上，从金属矿产扩展到见效快的石灰石等非金属矿产。二是拓展服务领域，加强地质调查评价与成果应用示范紧密结合，延伸地质工作产业链，拉动多渠道资金投入赣南革命老区脱贫攻坚。三是提高工作程度，矿产地质调查做到异常查证甚至更深，实现与商业性地质需求无缝对接；地质遗迹调查成果达到申报国家地质公园的要求。四是延长产业链，提供选矿炼矿综合利用关键技术，有效支撑矿山企业及时跟进，形成一批高效益的中小矿山勘查开发示范。五是延续县镇矿山企业生命周期，地质调查新发现矿产地，扩大原矿山资源储量，为矿业经济持续发展提供保障。加快示范基地和示范工程建设，全力打通地质调查与脱贫目标“最后一公里”。将地质矿产调查与贫困区优势矿产资源开发利用示范基地建设相结合，积极引入企业投入，将资源优势转化为经济优势；将1:5万水文地质调查工作与解决贫困区人民饮水难题相结合，应用探采结合井，建立安全用水入户示范工程；土地质量地球化学调查工作做到成果能够直接支撑服务地方人民政府建设特色农业示范园；将地质灾害调查与建立防灾减灾示范基地相结合，最大限度减少人员和财产损失。

五、人民满意、责任担当是地质调查助力赣南革命老区脱贫攻坚的动力

怀着对老区人民的真挚感情，切实将革命老区的牺牲精神转化为脱贫攻坚的奉献精神，支撑服务赣南革命老区人民如期实现脱贫，既是中央赋予我们的政治使命，也是新时期地质工作者肩负的历史责任。履职尽责、敢于担当、勇于创新、追求奉献，把定点扶贫作为分内职责扛在肩上、抓在手上，全力助推赣南革命老区如期脱贫，让老区人民满意。用非常之策落实非常之举，激发各相关地质单位干部职工的积极性和主动性，加大人、财、物的投入力度，全力服务脱贫攻坚工作。

后　记

《改革开放40周年支撑服务赣南革命老区脱贫攻坚地质调查成果》编制由自然资源部中国地质调查局负责组织，技术牵头单位为中国地质调查局南京地质调查中心、江西省自然资源厅、江西省地质矿产勘查开发局。

本图集的编撰得到自然资源部中国地质调查局总工室的多方面指导，江西省地质调查研究院、江西省地质环境监测总站、赣南地质调查大队、江西省地质勘查基金管理中心、江西省地质灾害应急中心等单位提供了大量的资料、基础数据和图片，在此一并致谢！

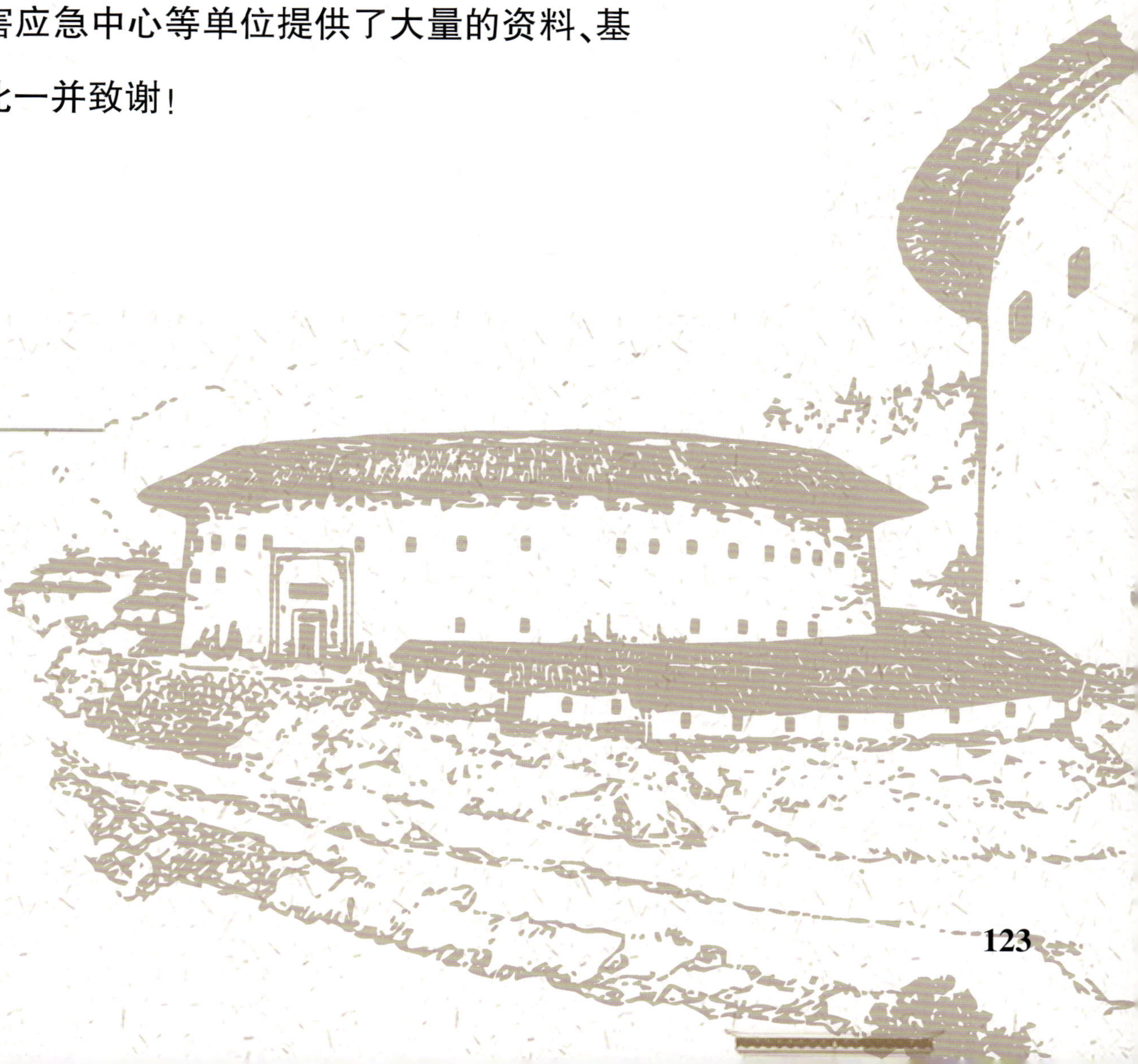